La Guerra de 1812

Una Fascinante Guía del Conflicto Militar entre los Estados Unidos de América y Gran Bretaña en las Guerras Napoleónicas

© Copyright 2020

Todos los derechos reservados. Ninguna parte de este libro puede ser reproducida de ninguna forma sin el permiso escrito del autor. Los revisores pueden citar breves pasajes en las reseñas.

Descargo de responsabilidad: Ninguna parte de esta publicación puede ser reproducida o transmitida de ninguna forma o por ningún medio, mecánico o electrónico, incluyendo fotocopias o grabaciones, o por ningún sistema de almacenamiento y recuperación de información, o transmitida por correo electrónico sin permiso escrito del editor.

Si bien se ha hecho todo lo posible por verificar la información proporcionada en esta publicación, ni el autor ni el editor asumen responsabilidad alguna por los errores, omisiones o interpretaciones contrarias al tema aquí tratado.

Este libro es solo para fines de entretenimiento. Las opiniones expresadas son únicamente las del autor y no deben tomarse como instrucciones u órdenes de expertos. El lector es responsable de sus propias acciones.

La adhesión a todas las leyes y regulaciones aplicables, incluyendo las leyes internacionales, federales, estatales y locales que rigen la concesión de licencias profesionales, las prácticas comerciales, la publicidad y todos los demás aspectos de la realización de negocios en los EE. UU., Canadá, Reino Unido o cualquier otra jurisdicción es responsabilidad exclusiva del comprador o del lector.

Ni el autor ni el editor asumen responsabilidad alguna en nombre del comprador o lector de estos materiales. Cualquier desaire percibido de cualquier individuo u organización es puramente involuntario.

Índice

INTRODUCCIÓN 1
CAPÍTULO UNO: EL PRELUDIO DE LA GUERRA 3
CAPÍTULO DOS: ACTORES CLAVE Y ESTADÍSTICAS DE LA GUERRA DE 1812 11
CAPÍTULO TRES: CRONOLOGÍA DE LA GUERRA DE 1812 29
CAPÍTULO CUATRO: LA GUERRA DE 1812- LA INVASIÓN DE CANADÁ 44
CAPÍTULO CINCO: LA GUERRA DE 1812- LA CONQUISTA DEL OESTE 74
CAPÍTULO SEIS: LA GUERRA DE 1812- LA GUERRA DE CREEK 84
CAPÍTULO SIETE: LA GUERRA DE 1812- BATALLAS NAVALES 94
CONCLUSIÓN 103
REFERENCIAS: 107

Introducción

De entre todos los conflictos acaecidos en la historia de América, la guerra de 1812 es uno de los más singulares, y clave en el devenir americano. Fue una batalla llena de sorpresas e ironías – las debilidades de ambas partes en el conflicto a lo largo de los dos años de lucha constante terminarían por convertirse en sus respectivas fortalezas. Además, la guerra de 1812 fue uno de los conflictos más infructuosos en el que se involucraron los contendientes, ya que las fronteras geográficas en disputa terminarían por retornar a su estado previo a la guerra, lo que implica que todos los recursos económicos y humanos que se invirtieron fueron en vano.

La guerra de 1812 se trató de una guerra interna entre Canadá (que aún estaba bajo dominio británico) y los EE. UU., y también fue, de alguna manera, un efecto colateral de las guerras napoleónicas de comienzos del siglo XIX que se libraban en Europa.

Con Gran Bretaña y Francia compitiendo por el control de Europa, ambos bandos comprendían la importancia de interrumpir la línea de suministro del bando enemigo, y América caía justo en el medio de las rutas comerciales marítimas entre ambas naciones europeas. El gobierno de EE. UU. vio esta oportunidad como un evento fortuito, que le ayudaría a expulsar al imperio británico de

Norteamérica y también de Canadá de una vez por todas. Los americanos pensaban que la Armada británica se mantendría ocupada en Europa, con solo un par de reservas disponibles para luchar en América. Gran Bretaña era el imperio naval más potente del mundo en aquel momento, y con solo un par de barcos míseramente equipados, la Armada de los EE. UU. no tenía ninguna esperanza de derrotar a los británicos en el mar. Sin embargo, prefirieron apostar por librar la batalla en tierra firma mientras que la Armada británica peleaba contra las fuerzas de Napoleón.

Y aquí es donde entra la ironía. La naviera americana terminó por ganar la más improbable de las victorias, y perder la más improbable de las derrotas en tierra firme. El bando que sufriría las consecuencias de la guerra de 1812 fueron los nativos americanos, pero esta es otra historia, sobre la que puede aprender en nuestra serie guerras indio-americanas. En este libro profundizaremos en los varios aspectos y eventos de la guerra de 1812, así como en su impacto y efectos. A pesar de su corta duración, la guerra de 1812 fue muy significativa y dramática, dando lugar a varios de las figuras políticas y militares más importantes de la historia de América del siglo XIX.

Antes de empezar a analizar los aspectos más específicos de la guerra, entenderemos el contexto que dio lugar a este conflicto, y también aprenderemos sobre las figuras más importantes de la guerra. La guerra de 1812 sirvió de trampolín a los Generales Andrew Jackson, Jacob Brown y Winfield Scott, así como a cuatro futuros presidentes—Andrew Jackson, John Quincy Adams, James Monroe y William Henry Harrison. Este libro también incluye una cronología para que el lector pueda tener una idea global del devenir de los sucesos a medida que vamos profundizando en ellos. Así que, sin más dilación, ¡empecemos!

Capítulo Uno: El Preludio de la Guerra

Después de que las colonias británicas se independizaran en la guerra de Independencia, la joven nación americana aún tenía muchos desafíos que enfrentar. Empezando por reestructurar una economía que era históricamente dependiente de importaciones y exportaciones de Europa para expandir sus propios asentamientos e industrias, América empezó a confrontarse con retos desde que se independizó. Y a pesar de la independencia, los enfrentamientos con las colonias británicas de Canadá era una realidad constante para el gobierno británico. Incidentes como el famoso caso *Chesapeake-Leopard* de 1807 y el *Little Belt* en 1811 despertaban las iras de ambos bandos, lo que culminaría en la guerra de 1812. En un movimiento sorprendentemente ingenioso, el presidente de EE. UU. James Madison declaró la guerra el 18 de junio de 1812. El contexto que dio lugar a la guerra de 1812 es bastante más complejo que lo que parece a simple vista, por culpa de los factores que intervinieron en el conflicto. Para entenderlo mejor, vamos a analizar algunos de los eventos y cambios sociopolíticos ocurridos entre la guerra de la Independencia y la guerra de 1812.

El recién creado Estados Unidos de América se vio lastrado por un conjunto de problemas después de la Revolución. La guerra había desbastado al país en términos económicos y humanos, necesarios para la rápida expansión de sus fronteras y asentamientos. La nueva nación tenía dos opciones: una de ellas era fomentar el comercio y la otra expandir su territorio físico para acceder a más recursos y espacio. En aquel momento, Estados Unidos recibía grandes oleadas de inmigrantes que llegaron a sus costas de diferentes países de Europa, que estaban cansados de la guerra constante en sus propios países de origen y querían buscar una nueva vida. Esto también abrió oportunidades para el comercio con Europa, especialmente con Francia. En 1807, en una coyuntura crítica definida por las guerras napoleónicas, Gran Bretaña proclamó severas restricciones comerciales con EE. UU., lo que enfureció mucho a los estadounidenses. La Orden en los Consejos, que fue un proyecto de ley aprobado en el Privy Council británico, dictaminaba que todos los países neutrales, tanto dentro como fuera de Europa, necesitaban obtener el permiso de Gran Bretaña para comerciar con Francia. Esta nueva ley afectó a los Estados Unidos más que a ningún otro país, y se rebeló contra el proyecto de ley en 1809 restableciendo el comercio con Francia y bloqueando el comercio con Gran Bretaña. En 1805 se aprobó otro proyecto de ley similar, conocido como la Decisión de Essex, que prohibió a los países neutrales de las guerras napoleónicas intercambiar artículos militares con los franceses. El gobierno de los Estados Unidos arremetió contra esto con la Ley de No Importación. Inicialmente, el Congreso de EE. UU. decidió no comerciar con Gran Bretaña o Francia, declarando un embargo contra Gran Bretaña, pero al ver cómo se obstaculizaba el comercio, decidió abrir el comercio con cualquiera de las superpotencias que levantase las restricciones comerciales. También fue por esta época cuando muchos en los Estados Unidos comenzaron a abogar por la guerra con los británicos, al ver que era un momento propicio al estar lidiando con las fuerzas de Napoleón en Europa.

Los esfuerzos iniciales de expansión llevados a cabo por los americanos se concentraron en el norte, lo que actualmente comprende los estados de Ohio, Indiana, Illinois, Michigan y Wisconsin. Pero estos esfuerzos se encontraron con una feroz resistencia por parte de los nativos americanos, respaldados por los británicos. A pesar de que habían perdido la guerra de la Revolución, la influencia británica en el continente norteamericano seguía muy presente. Canadá, que en ese entonces era un territorio británico, era una zona de contención británica-nativa americana sobre la que Estados Unidos no tenía control. Los británicos tenían la intención de establecer un estado nativo americano que sirviese de fuerza defensiva para sus colonias canadienses y así proteger sus intereses comerciales a largo plazo. Sin embargo, esto chocó directamente con el enfoque expansionista que Estados Unidos pretendía adoptar para expandir su frontera y su economía. Los nativos americanos en el noroeste estaban presentando una oposición inesperadamente fuerte contra los repetidos intentos estadounidenses de establecer nuevos asentamientos. El ejército estadounidense había anticipado que una vez que terminara la Revolución, los británicos ya no podrían suministrar armas y municiones a la población local de nativos americanos, lo que facilitaría la expansión de los territorios. Pero los británicos lograron mantener el tráfico de armas entre las tribus nativas americanas en el norte a través de sus puestos de comercio en Canadá.

A decir verdad, fueron los estadounidenses quienes instigaron a las tribus nativas americanas por primera vez en 1804 al firmar un tratado con el jefe Sauk Quashquame, quien aparentemente cedió el territorio Sauk, ubicado en los estados modernos de Missouri e Illinois, al gobierno de los EE. UU. sin el consentimiento de otros jefes. Muchos Sauk vieron este tratado como injusto y rápidamente se aliaron con los británicos para luchar por su tierra. A esto le siguió el Tratado de Fort Wayne en 1809, que determinó la venta de tres millones de acres de tierra al gobierno de los Estados Unidos, en los actuales estados de Illinois e Indiana. Este tratado dio lugar a la guerra de Tecumseh, un jefe Shawnee, entre los americanos y una alianza de nativos americanos bajo el liderazgo de Tecumseh.

Hoy, los historiadores están de acuerdo en que la iniciativa de guerra de los Estados Unidos también pretendía anexar a Canadá, con la ambiciosa esperanza de que las colonias británicas en Canadá fueran tan receptivas a la idea de la independencia como lo habían sido las americanas. Esta creencia estaba fundamentada en el hecho de que una gran cantidad de estadounidenses habían emigrado a Canadá a principios del siglo XIX, gracias a la reducción de los impuestos en tierras canadienses. Sin embargo, estos americanos no estaban interesados en la oferta, ya que la mayoría de estos emigrantes terminaron siendo neutrales o apolíticos. La batalla de Tippecanoe en 1811 fue un punto de inflexión para los nativos americanos en el fortalecimiento de su alianza con los británicos. Después de esta batalla, Tecumseh y los principales jefes tribales del Noroeste llegaron por unanimidad a la conclusión de que necesitaban más apoyo británico para defender sus tierras de los estadounidenses.

Esta decisión incentivó aún más a los estadounidenses a expulsar a los británicos del continente lo antes posible. Sin embargo, la guerra de 1812 fue una guerra muy divisiva para los Estados Unidos. La mitad del Congreso estaba en contra, y, de hecho, muchos estadounidenses se referían a este conflicto como "la guerra de Madison", de manera quizás injusta. Madison se vio obligado a ceder ante los War Hawks en Washington, dirigidos por Henry Clay y John C. Calhoun. Este grupo particular de figuras políticas y militares solo estaba interesado en la expansión a través de la conquista. Muchos políticos se mostraron reacios a anexar Canadá. Algunos pensaban que era un territorio demasiado grande para ser controlado mientras que otros estaban preocupados por la posible influencia del catolicismo que tal anexión conllevaría, ya que era la religión prominente entre los habitantes de Canadá, y se consideraba no apta para convivir con los valores estadounidenses. Según el historiador

Reginald Horsman, la anexión de Canadá no era el objetivo final de Estados Unidos. El gobierno de los EE. UU. sabía que no tenían ni la mano de obra ni los recursos para mantener el extenso territorio que es Canadá, por lo que su intención principal era utilizar a Canadá como moneda de cambio para obligar a los británicos a cambiar sus políticas comerciales que obstaculizaban su comercio en el extranjero. Otros historiadores, como Alan Taylor, opinan que anexar Canadá era el objetivo principal de los estadounidenses, ya que los influyentes War Hawks en Washington estaban interesados en ganar más territorio para reconstruir la economía estadounidense. Antes de que comenzara la guerra de 1812, muchos de los War Hawks pensaban que Estados Unidos al menos ganaría el Alto Canadá, que incluía todo el sur de Ontario moderno y partes del norte de Ontario, si no todo el territorio.

El aspecto emocional de la opresión británica también fue un factor clave en la decisión de comenzar la guerra por parte del presidente Madison y explica por qué el Congreso, y finalmente el público en general, la aceptó. Si bien Estados Unidos era oficialmente independiente del dominio británico, esto no equivalía a que estuvieran en paz. A pesar de que se suponía que los británicos debían retirarse de todo el territorio ocupado al sur de los Grandes Lagos después de firmar el Tratado de París en 1783, se negaron a hacerlo hasta mucho más tarde, hasta 1795. Además, los británicos acosaban continuamente a los barcos estadounidenses. Algunos marineros estadounidenses fueron incluso capturados de buques mercantes estadounidenses, y forzados a entrar en la Marina Real británica. Luego estaban los múltiples conflictos que tuvieron lugar a principios de 1800, comenzando con el asunto *Chesapeake-Leopard* de 1807. El asunto de *Little Belt* de 1811 puede considerarse como el incidente que colmó la paciencia de los estadounidenses y terminaría por desencadenar la guerra con los británicos.

Es importante repasar estos eventos, ya que jugaron un papel importante en el contexto de la guerra. El asunto *Chesapeake-*

Leopard tuvo lugar en 1807 en la costa de Norfolk, Virginia. El HMS *Leopard*, que se encargaba de traer de vuelta a los desertores de la Royal Navy, se topó con la fragata estadounidense USS *Chesapeake*. Después de que el buque de guerra británico expresara sus intenciones de abordar el *Chesapeake* para buscar desertores, el capitán de la fragata estadounidense se negó, y ante esta respuesta, y sin previo aviso, el HMS *Leopard* abrió fuego contra el *Chesapeake*. Después de unos diez minutos de disparos, los británicos abordaron el barco y se llevaron a cuatro desertores de la Royal Navy y tres afroamericanos, dejando los restos y los heridos del *Chesapeake* sin ninguna ayuda. El incidente resultó en la muerte de tres marineros estadounidenses y dieciocho heridos graves. Esto se convirtió en un gran incidente diplomático, que obligó al gobierno británico a ofrecer una compensación por el daño causado por el incidente, así como a devolver a los prisioneros estadounidenses. También jugó un papel muy importante en la reforma y reestructuración de la Marina de los EE. UU.

El asunto de *Little Belt*, que ocurrió unos años más tarde, involucró a la fragata estadounidense USS *President* y al velero británico HMS *Little Belt*. Si bien las razones detrás de este incidente no están claras, las consecuencias sí lo están. Después de que el presidente del USS arrinconase al HMS *Little Belt* en la tarde del 16 de mayo de 1811, ambas partes se negaron a identificarse en la oscuridad de la noche. Después de algunas palabras acaloradas entre los capitanes, se disparó un tiro. Se desconoce quién disparó primero. El *Little Belt* era un barco mucho más pequeño que el *President*, por lo que el barco sufrió graves daños. El bando británico sufrió nueve bajas y 23 heridos (dos de ellos murieron por sus heridas más adelante), mientras que los estadounidenses solo tuvieron un hombre herido. Una vez que el capitán del *President* vio las banderas británicas, por la mañana, ofreció ayuda y refugio al *Little Belt*, que el capitán británico rápidamente rechazó. El capitán estadounidense insistiría posteriormente en que la balandra británica disparó primero y que creía que la balandra era una fragata, debido al ángulo desde el que se había acercado. El gobierno de los Estados Unidos lo creyó, y lo promovió de rango, lo que solo sirvió para indignar aún más a los británicos.

Con todos estos factores en juego, el conflicto era inevitable. Aunque el gobierno estadounidense pintó la guerra de 1812 como una guerra defensiva, desde una perspectiva sociopolítica, esta guerra se trataba más de que Estados Unidos afirmara su independencia frente a Europa humillando a Gran Bretaña que cualquier otra cosa. Según el renombrado historiador HW Brands, "Los otros halcones de guerra hablaban de la lucha con Gran Bretaña como una segunda guerra de independencia; [Andrew] Jackson, quien aún tenía cicatrices de la primera guerra de independencia, sostuvo esa opinión con especial convicción. el conflicto se trataba de violaciones de los derechos estadounidenses, pero también se trataba de reivindicar la identidad estadounidense". Muchas de las causas de la guerra de 1812 que se aceptan a día de hoy no fueron, en la mayoría de los casos, tan graves como a menudo se describen. Si bien el asunto de la Royal Navy británica fue de hecho un problema muy real (casi 10,000 estadounidenses estaban capturados y forzados a unirse al servicio militar británico entre 1789 y 1812) y fue la principal justificación de los War Hawks y los periódicos para ir a la guerra, muchas de las otras razones no parecían ser tan válidas. La amenaza de los nativos americanos en el Noroeste se exageró mucho y se utilizó como una de las razones para anexar Canadá, pero en realidad, la situación en el Territorio del Noroeste en lo que respecta a los conflictos de los Nativos Americanos no era tan diferente a lo que pasaba en otras partes de América en ese momento. La Orden en el Consejo mencionada anteriormente también se citaba como otra de las razones para ir a la guerra con Gran Bretaña, pero el Parlamento británico había revertido la orden cinco días antes de que los estadounidenses declararan la guerra.

El Partido Federalista era el principal opositor a la guerra de 1812. Muchas milicias estatales se habían consumido en la guerra, y muchos de sus integrantes se oponían al alistamiento. En muchos casos, como en la victoria británica en Fort Niagara, los hombres de las milicias se negaron a luchar, lo que conllevó varias derrotas de los americanos.

Capítulo Dos: Actores Clave y Estadísticas de la guerra de 1812

Al igual que lo hicieron en otros conflictos británico-estadounidenses anteriores, los nativos americanos también participaron en la guerra de 1812. De hecho, un número significativo de tribus en el noroeste se aliaron con los británicos, mientras que algunas tribus nativas americanas importantes se aliaron con los estadounidenses. Sorprendentemente, los españoles también participaron en la guerra, del lado de los británicos.

También se debe tener en cuenta que, a pesar del conflicto principal enfrentaba a Gran Bretaña y Estados Unidos, quienes sufrieron el mayor número de pérdidas fueron los nativos americanos. Las tribus Choctaw, Cherokee, Creek y Seneca lucharon en el lado estadounidense. Por otro lado, los británicos tenían una alianza nativa americana significativamente más grande compuesta por catorce tribus: Shawnee, Creek Red Sticks, Ojibwe, Fox, Iroquois, Miami, Mingo, Ottawa, Kickapoo, Delaware (Lenape), Mascouten, Potawatomi, Sauk, y Wyandot, y una confederación compuesta por múltiples tribus, la Confederación de Tecumseh. Al final de la guerra de 1812, el número de víctimas nativo-americanas rondaba las 10.000, mientras que el número de víctimas entre los británicos y los estadounidenses era significativamente menor. La guerra de 1812 también es importante para los nativos americanos porque marcó formalmente el declive de su poder. De hecho, la guerra de 1812 y su impacto a menudo son subestimados por los historiadores estadounidenses y británicos, pero para los canadienses y los nativos americanos, esta guerra es una parte importante de su historia, y subrayan su importancia incluso a día de hoy.

Una cosa interesante a tener en cuenta sobre este conflicto es que cuando comenzó, el Ejército de EE. UU. tenía una ventaja significativa en números que le permitió lanzar un ataque en tres frentes. Pero al final de la guerra, fueron los británicos quienes tenían la ventaja en números y posicionamiento estratégico. Al comienzo de la guerra, el ejército de los EE. UU. tenía 7.000 hombres fuertes y alcanzó los 35.000 al final de la guerra. Por otro lado, las fuerzas británicas tenían una fuerza de 5.200 al comienzo de la guerra y, para cuando terminó, contaban con 48.000 hombres. Los historiadores a menudo suponen que las fuerzas británicas habrían sido mucho más grandes si no hubiera sido por las guerras napoleónicas. Muchos de los británicos en ese momento ni siquiera sabrían que el Imperio británico estaba en guerra con Estados Unidos hasta mucho más tarde. Se estima que se perdieron alrededor de 16.000 vidas en esta guerra; 10.000 bajas de nativos americanos, alrededor de 3.700 bajas estadounidenses y alrededor de 2.000 bajas británicas (aunque estos números varían según las fuentes). Otra cosa interesante a tener en cuenta es que la guerra de 1812 tuvo lugar en un gran tramo de tierra y mar. A pesar de ir en contra de la Armada más fuerte del mundo, la Marina de los EE. UU. hizo un excelente trabajo al mantener a la Royal Navy bajo control, capturando 1.400 buques mercantes británicos, contra los 1,344 buques mercantes estadounidenses capturados por los británicos. Mateo González Manrique, gobernador de Florida en ese momento, ayudó a los británicos con el apoyo logístico, gracias a la alianza entre las dos naciones en las guerras napoleónicas.

Hubo muchas figuras notables que participaron en esta guerra que luego se convertirían en importantes figuras estadounidenses. Pero no todos jugaron un papel importante en la guerra de 1812. Los actores militares y políticos clave que influyeron en el devenir de la guerra de 1812 pueden reducirse a seis nombres: James Madison (el presidente de los Estados Unidos), George Prévost (el gobernador de Canadá), Andrew Jackson (un general influyente que luego se convertiría en presidente de los EE. UU.), Tecumseh (un jefe Shawnee) e Isaac Brock, el genio táctico y estratégico que detuvo la invasión de Canadá a pesar de verse superados en número y en armas.

Presidente James Madison

James Madison, uno de los padres fundadores y el cuarto presidente de los Estados Unidos, es probablemente la última persona que uno imaginaría como presidente. Era un hombre de baja estatura (de solo 5'5 " de altura), de actitud mansa y de naturaleza muy reservada. Actualmente es recordado como el autor de la Constitución, pero en 1812, el presidente Madison se vio envuelto en una agitación política que determinaría la historia estadounidense de las próximas décadas. Nacido el 16 de marzo de 1751, James Madison era el mayor de los doce hijos de James Madison Sr., un rico propietario de plantaciones de tabaco en Virginia. Desde muy temprana edad, Madison tenía una salud delicada, como la mayoría de sus hermanos que lo siguieron. Esto restringió sus actividades físicas, como correr y jugar afuera, a una edad temprana. En cambio, se centró en sus estudios académicos. Como la mayoría de los niños en ese momento, James Madison fue a una escuela local antes de ir a la universidad de Princeton. Un académico distinguido, Madison se graduó de Princeton en 1772, terminando el curso de tres años en dos años. Después de regresar a la casa de su familia, Montpelier, ingresó en el mundo de la política en 1774.

En muchos sentidos, sus acciones en 1812 se pueden remontar a este período. A pesar de ser reservado, Madison tenía ideas bastante radicales, típicas de la generación que creció bajo la tiranía británica.

Sentía que, a pesar de no ser súbditos de la Corona, los Estados Unidos seguían sometidos a Gran Bretaña. También estaba en contra de la noción de una religión estatal, ya que sentía que iba en contra de la libertad de pensamiento y las creencias personales. Su primer cargo político fue un asiento en el Comité de Seguridad local que supervisaba a la milicia de Virginia. Si bien no participó activamente en la Revolución americana, se distinguió como una excelente figura política durante la guerra. A partir de este momento, el ascenso de Madison en la política fue constante e ininterrumpido. Sirvió en el Congreso de 1780 a 1783, y ganó un escaño en la Cámara de Delegados de Virginia al año siguiente en 1784. En 1789, se postuló contra James Monroe por un escaño en la Cámara de Representantes de los Estados Unidos, ganando las elecciones. Luego pasó a servir bajo las presidencias de Washington, Adams y Jefferson e hizo muchos cambios necesarios a la Constitución de los Estados Unidos para garantizar las libertades y los derechos personales de los ciudadanos estadounidenses.

Madison se convirtió en el secretario de Estado en 1801 durante el mandato del presidente Thomas Jefferson, cargo que ocupó hasta 1808. Como mencionamos anteriormente, James Madison ganó la cuarta elección presidencial de los Estados Unidos en 1808 y fue reelecto en el cargo al año siguiente. Sirviendo en el puesto durante ocho años, el presidente Madison estuvo muy ocupado. El primer trimestre de su presidencia lo pasó luchando en la guerra de 1812, mientras que, durante la segunda mitad, tuvo que hacer cambios constitucionales importantes para silenciar a los críticos y opositores de sus políticas. En muchos casos, aceptó las políticas a las que alguna vez se opuso, intentando apaciguar el entorno político estadounidense cada vez más inestable. Después de renunciar a la presidencia, Madison se retiró a la casa de su familia en Montpelier, Virginia. A partir de este momento ya no participaría activamente en la política, excepto en 1829 cuando ayudó a revisar la constitución de Virginia. James Madison falleció el 28 de junio de 1836, a los 85 años. A pesar de sus esfuerzos, su legado es controvertido, y la mayoría de los historiadores critican su competencia y liderazgo, especialmente durante la guerra de 1812.

George Prévost

Comúnmente conocido como el "Defensor de Canadá" en la historia de Canadá, George Prévost fue el cerebro detrás de la estrategia de defensa canadiense durante la guerra de 1812. Nacido el 19 de mayo de 1767, George Prévost era el hijo mayor de Agustín Prévost, un británico oficial que llegó a Estados Unidos en 1765. Como muchas otras figuras importantes de la guerra de 1812, se sabe poco de su infancia, excepto que nació en Hackensack, Nueva Jersey, y era de origen ginebrino y pasó su juventud parcialmente en Inglaterra. Los registros oficiales de su vida comienzan con su servicio militar en 1779. George Prévost era un tanto prodigio, ingresó a la unidad de su padre a la edad de solo once años y se unió como alférez. A la edad de catorce años, el joven Prévost era un teniente de pleno derecho y había sido transferido al 47º Regimiento de Foot.

Durante los años siguientes, Prévost ascendió lentamente a través de las filas británicas, probablemente debido a que su abuelo compró sus promociones, lo que era una práctica algo común en ese momento. A pesar de estas promociones comisionadas, Prévost demostró su valía valientemente en las guerras revolucionarias francesas en 1792 a la edad de 23 años. Después de cuatro años de servicio, fue ascendido al rango de coronel y asignado a las Indias Occidentales. Aquí fue donde se perfeccionaron sus habilidades políticas y de liderazgo, ya que fue nombrado administrador de la isla de Santa Lucía y más tarde de Dominica. Defendió con éxito su territorio y se retiró a Inglaterra en 1805. Después de tres años de descanso, George Prévost fue nombrado gobernador de Nueva Escocia en 1808, junto con el rango de teniente general, debido a su inmenso éxito administrativo en el Caribe. Desde el primer momento, George Prévost realizó cambios radicales y rápidos tanto en la infraestructura económica como militar de la región, que resultaron muy beneficiosas. Fortificó las defensas de Nueva Escocia y coordinó la milicia local con el ejército británico. Estas son las principales razones por las cuales las fuerzas estadounidenses fracasaron repetidamente en su conquista canadiense unos años más tarde. En 1809, Prévost coordinó la invasión de Martinica, dirigida por William Cottnam Tonge, su oponente político. Al convertirlo en el segundo al mando de la invasión de Martinica, Prévost esperaba ganar a Tonge, así como obtener apoyo en la Cámara de la Asamblea, de la cual Tonge formaba parte.

En julio de 1811, debido a sus éxitos administrativos y militares, George Prévost fue nombrado gobernador y comandante en jefe de la Norteamérica británica y sus fuerzas militares. Como tal, también tomó el control del Bajo Canadá (una región que cubría la parte sur de la actual provincia de Quebec y la región de Labrador de la actual provincia de Terranova y Labrador), que había estado bajo la autoridad de Thomas Dunn. Para ese entonces, Prévost se había dado cuenta de que no podía permitirse una guerra revolucionaria, que era lo que los estadounidenses querían y que era algo que se estaba convirtiendo en una posibilidad. Entonces, comenzó a incluir a más nativos canadienses en puestos gubernamentales y en el Consejo Legislativo, lo que reforzó su popularidad en gran medida. Cuando comenzó la guerra de 1812, Prévost se encontró en una posición difícil, a pesar de haber anticipado la guerra, debido a la falta de mano de obra y recursos. En el ataque estadounidense inicial en 1812, el general Isaac Brock llevó a cabo los planes defensivos de Prévost con éxito y derrotó a los estadounidenses a costa de su propia vida. En 1813, Gran Bretaña se dio cuenta de la importancia de la guerra en América del Norte y envió al comodoro Sir James Yeo para defender la región de los Grandes Lagos debido a su importancia estratégica. Combinando fuerzas, Yeo y Prévost atacaron Nueva York, pero las fuerzas británicas fueron rechazadas por las fuerzas del general de brigada Jacob Brown. Esta derrota fue seguida por otra en las aguas del lago Erie. Pero al final, sus fuerzas finalmente lograron vencer la segunda invasión estadounidense en Canadá en Chateauguay y Crysler's Farm, cerca de Montreal.

La fortuna de Prévost se agrió nuevamente en 1814 cuando los estadounidenses vencieron en la captura de Niagara. Pero afortunadamente para Prévost, la derrota de Napoleón en la primavera significó que los británicos finalmente pudieran permitirse enviar sus tropas veteranas a América del Norte. Después de recibir 15.000 hombres en refuerzos, Prévost comenzó a planificar la campaña de Plattsburgh. Dado que discutiremos la invasión estadounidense de Canadá con más detalle más adelante, por el momento diremos que Prévost retiró sus fuerzas a Canadá en el último momento. Debido a su negativa a llegar a un compromiso con los estadounidenses, Prévost fue relevado de su cargo como gobernador. Poco después de dimitir como gobernador de la Norteamérica británica, fue severamente criticado por su negativa a involucrarse con el enemigo en la campaña de Plattsburgh. Además, Yeo también hizo un informe negativo de las acciones de Prévost durante la guerra, lo que disminuyó aún más su reputación. Esto, junto con su mala salud, que había sido un problema desde el final de la guerra de 1812, hizo mella y resultó en su muerte el 5 de enero de 1816, un mes antes de su audiencia en la corte marcial destinada a limpiar su reputación. Aunque murió deshonrado y avergonzado, actualmente los canadienses veneran a Prévost y lo consideran el ángel guardián de Canadá.

Andrew Jackson

Se mire como se mire, Andrew Jackson, el séptimo presidente de los Estados Unidos, fue una leyenda durante su vida y todavía se lo considera así hoy en día. Un consumado soldado y estadista, Jackson saltó a la fama a través de sus hazañas militares y se ganó el corazón de sus compatriotas con su defensa de los derechos del hombre común. Las hazañas militares de Andrew Jackson comenzaron en la guerra de 1812, por lo que se podría decir que esta guerra dio forma a su carrera militar y política. Andrew Jackson nació el 15 de marzo de

1767 en el asentamiento de Waxhaw, ubicado entre los modernos Carolina del Norte y Carolina del Sur, y era el menor de tres hijos. Sus padres, Andrew y Elizabeth Hutchinson Jackson, emigraron de Irlanda del Norte a los Estados Unidos poco antes de su nacimiento. Como nació en una familia bastante pobre, Jackson parece haber tenido una educación básica, y se sabe poco sobre su infancia. Se sabe que su padre murió en un accidente antes de que él naciera y que su hermano mayor participó en la Revolución, muriendo en la batalla de Stono Ferry en 1779. Elizabeth Jackson, su madre, no parecía afectada ante esta pérdida, y alentó a sus otros dos hijos, Robert y Andrew, a unirse a la milicia local. Bajo el coronel William Richardson Davie, los dos hermanos sirvieron como correos debido a su tierna edad, pero la tragedia recayó sobre la familia en 1781. Después de desobedecer a las tropas británicas en una redada, ambos niños fueron encarcelados, y contrajeron viruela. Robert murió después de su liberación, y su madre lo siguió poco después mientras trabajaba como enfermera voluntaria en el puerto de Charlestown. Solo en el mundo, Andrew Jackson, de catorce años, culpó a los británicos de la desgracia de su familia y cultivó una ira que, aunque poco saludable, le fue útil en sus esfuerzos militares. Pero este mismo rasgo también lo llenó de infelicidad en su vida personal, que está llena de controversia.

Después de la guerra, el joven Andrew Jackson pasó de una profesión a otra hasta conocer al abogado Spruce Macay en Carolina del Sur, quien lo tomó bajo su protección. Después de pasar un tiempo bajo la tutela de Macay, Jackson pudo comenzar oficialmente su carrera como abogado en 1787. Poco después de empezar su nueva carrera, se involucró en una aventura con la que sería su esposa, Rachel Donelson, en la casa de la madre de esta, en la que se estaba hospedando en aquel momento. Se casaron en 1790, pero el estigma se mantuvo durante mucho tiempo. Durante los primeros años se mantuvo alejado de la política, enfocándose en su carrera. Pero a mediados de la década de 1790, tuvo un ascenso meteórico en la política. Pasó a servir en la convención constitucional de Tennessee en 1796 y fue aceptado en el Partido Demócrata-Republicano (que en ese momento era conocido como el Partido Republicano; este partido no tenía nada que ver con los dos principales partidos políticos actuales de los EE. UU., aunque una facción de este partido se convertiría en el actual Partido Demócrata). Al año siguiente, fue elegido senador de los EE. UU., un cargo que rechazó debido a un fuerte desacuerdo con la administración del presidente Adams. Esto le ganó un fuerte apoyo político en Tennessee, donde fue elegido juez de la Corte Suprema de Tennessee. También se convirtió en juez defensor de la milicia de Tennessee. Pero sus logros políticos duraron poco, ya que se vio envuelto en una controversia política conocida como el asunto Sevier. En 1802, Jackson anunció su candidatura a general de división de la milicia de Tennessee, una posición en la que John Sevier tenía los ojos puestos. Los dos empataron, y el gobernador rompió el empate a favor de Jackson, tal vez debido a la evidencia de fraude de tierras que Jackson había descubierto. En 1803, Sevier anunció sus intenciones de postularse para el cargo nuevamente, y cuando el gobernador lo anunció, Jackson redactó un mordaz artículo periodístico sobre el personaje de Sevier que casi terminó en duelo.

Jackson llegó a celebrar un duelo, aunque un poco más tarde en la vida. En 1806, el rival de Jackson, Charles Dickinson, escribió un artículo, calumniando a su esposa Rachel, el punto débil de Jackson. Jackson decidió entonces entablar un duelo con Dickinson, quien era un destacado abogado y un famoso duelista. En lugar de mantener la costumbre estándar de disparar al mismo tiempo, Jackson desafió a la bala de su oponente primero y luego apuntó deliberadamente y mató a su oponente; en aquel entonces, disparar un segundo tiro no estaba permitido, a diferencia de los duelos de vaqueros que vemos en las películas. Esto, sumado a su hábito de socavar económicamente a los opositores políticos, sus nociones políticas radicales y sus puntos de vista elitistas sobre la esclavitud, lo convirtieron en un marginado social. Jackson trató de recuperar parte de su posición social alineándose con Aaron Burr, pero finalmente lo traicionó después de enterarse de las verdaderas intenciones de Burr de crear un nuevo imperio para competir con los Estados Unidos.

Jackson empezó a participar activamente en la guerra de 1812 en el 1813. Sirvió bajo el mando del general James Wilkinson, lo que no funcionó demasiado bien, ya que Jackson se vio obligado a disolver sus fuerzas de milicia y entregar sus suministros al general Wilkinson sin siquiera pelear una batalla. Pero el turno de Jackson para brillar se produjo durante la batalla de Creek, que comenzó el 30 de agosto de 1813. En octubre del mismo año, Jackson, al frente de 2.500 hombres, estableció Fort Strother en el territorio de Mississippi y ganó la batalla de Tallushatchee y la batalla de Talladega. Después de sobrevivir a un duro invierno, los Red Sticks vencieron a Jackson y sus tropas en las batallas de Emuckfaw y Enotachopo Creek. Pero estas vencieron en la batalla de Horseshoe Bend en marzo de 1814 y luego Jackson hizo cumplir el Tratado de Fort Jackson, que puso fin a la batalla de Creek, bajo las órdenes del presidente Madison. Después de esta victoria, Jackson decidió arrinconar a los británicos en la Florida española, con la esperanza de tomar la región y vencer a los británicos al mismo tiempo. Pero esto no era más que un cebo: los británicos lo habían distraído para atacar Nueva Orleans. Cuando Jackson se dio cuenta de su error, inmediatamente abandonó Pensacola para viajar a Nueva Orleans. La batalla de Nueva Orleans, aunque comúnmente se considera el mayor logro de Jackson, está puesta en entredicho. La razón principal de la controversia es que cuando Jackson se había apoderado de la ciudad, ya se había firmado el Tratado de Gante, que puso fin a la guerra de 1812. Además, Jackson había actuado como un déspota mientras ocupaba Nueva Orleans. El primer punto no está claro, ya que las cartas del secretario de guerra británico Henry Bathurst al mayor general Sir Edward Pakenham, a quien se le había dado la orden de tomar Nueva Orleans, le ordenaban que continuara la guerra a gran escala a pesar del Tratado de Gante. Sin embargo, el segundo punto es más discutible: después de la victoria de Jackson sobre las fuerzas británicas el 8 de enero de 1815, Jackson declaró la ley marcial total en Nueva Orleans, cancelando los derechos civiles.

En 1828, Jackson se presentó a presidente y ganó las elecciones, en gran parte gracias a sus logros militares en la guerra de 1812. La presidencia de Andrew Jackson fue controvertida debido a que tenía ideas políticas un tanto extremas. Algunas de ellas eran controvertidas durante su propia vida, como la Specie Circular (que requería el pago de la tierra en oro y plata y que provocó el pánico a nivel económico) y el asunto Petticoat, que dio forma al futuro movimiento feminista estadounidense, mientras que otras, al igual que la política de expulsión de los nativos americanos, se volvieron controvertidas después de su muerte. Renunció a su cargo en 1837 después de cumplir dos períodos como presidente de los Estados Unidos, pero continuó activo en política hasta su muerte en 1845. Cabe señalar que a pesar de las muchas controversias que rodean a esta leyenda estadounidense, su presidencia se considera una de las los más exitosos en la historia de los Estados Unidos, gracias a las reformas emprendidas.

Tecumseh

En cierto modo, Tecumseh fue el último gran visionario de los nativos americanos. Si bien hubo muchas figuras notables entre los nativos americanos mucho después de su muerte, todos lucharon por mantener los derechos y la integridad de su pueblo. Tecumseh, por otro lado, imaginó una confederación de naciones nativas americanas, que no era muy diferente de la visión de George Washington. Nacido en el actual Ohio, en 1768, el lugar exacto del nacimiento de Tecumseh es desconocido. Su padre, Puckshinwa, era un respetado jefe Shawnee, y como tal, Tecumseh fue preparado para ser un líder desde una edad temprana. Después de la muerte de su padre en la batalla de Point Pleasant en 1774 a manos de la milicia de Virginia, su madre lo dejó a él y a sus otros hermanos al cuidado de la hermana mayor de Tecumseh para regresar con su propia tribu. Tecumseh tenía solo siete años. En ausencia de su padre, su hermano mayor, Chiksika, se hizo cargo de su formación. Cuando creció, el famoso jefe Shawnee Blackfish lo adoptó en su tribu.

Tecumseh realizó su primera incursión contra los colonos estadounidenses cuando solo tenía catorce años. Sus primeras escaramuzas fueron durante la Revolución, en la que demostró ser un guerrero capaz. A pesar de su odio contra los occidentales por matar a su padre, Tecumseh abordó la guerra de una manera muy civilizada. Condonó los actos de crueldad y criticó a sus compañeros si los realizaban. Después de la Revolución americana, Tecumseh participó en muchas incursiones pequeñas en nombre de la Confederación Wabash, convirtiéndose en el jefe de la división Kispoko en 1792. Después de la firma del Tratado de Greenville en 1795, Tecumseh se estableció, tomando a Mamate, una mujer Shawnee como su esposa, con la que tuvo un hijo llamado Paukeesaa. Lamentablemente, su matrimonio no duró mucho, y la hermana que había cuidado de Tecumseh cuando era joven comenzó a criar a Paukeesaa cuando tenía unos siete años. Tecumseh se opuso al Tratado de Greenville.

Durante los siguientes nueve años, Tecumseh llevó una existencia tranquila hasta que su hermano menor, Tenskwatawa, empezó a ser conocido como el Profeta. Alrededor de 1805, Tecumseh se estableció en Greenville, Ohio, donde comenzó a construir el poder militar de las naciones nativas americanas utilizando la influencia de su hermano. El sueño de Tecumseh de una alianza de nativos americanos también floreció durante este tiempo. Usando la influencia de su hermano, Tecumseh esperaba establecer la gran confederación nativa americana con la que soñaba. Las enseñanzas de Tenskwatawa eran simples: aquellos que pretendían seguirle debían volver a los días anteriores a la llegada de los colonos blancos, y para hacer esto, los nativos americanos debían abandonar los vicios y el hedonismo occidentales y volver a las viejas formas espirituales de sus pueblos Su movimiento ganó mucha tracción, y en poco tiempo, personas de todas las tribus acudían en masa a su aldea para conocerlo. Pero también hubo personas entre los nativos americanos que se opusieron a la creciente influencia de Tenskwatawa debido a la brutalidad que infligió a los que consideraba pecadores. Sin embargo, en 1808, el pueblo se había vuelto tan grande que Tecumseh y Tenskwatawa decidieron reubicar su base de operaciones a algún lugar donde los estadounidenses no los pudieran atacar fácilmente. Este fue un movimiento inteligente, ya que las relaciones de la tribu Shawnee con el gobierno de los Estados Unidos continuaron deteriorándose progresivamente. Entonces, se trasladaron más al oeste de los ríos Wabash y Tippecanoe y establecieron Prophetstown, uno de los campamentos nativos americanos más grandes en la historia de los nativos americanos.

En 1810 comenzó oficialmente el enfrentamiento entre Tecumseh y los americanos, iniciando la llamada guerra de Tecumseh. En principio, Tecumseh y William Henry Harrison habían acordado encontrarse para llegar a un acuerdo de paz en Vincennes en agosto de 1810. Aunque habían acordado que Tecumseh se presentaría con un reducido grupo de guardaespaldas, Tecumseh decidió hacer una aparición con un gran grupo para intimidar a Harrison, lo que no le sentó nada bien a este último. El encuentro casi culmina en una pelea sangrienta, aunque ambas partes decidieron marcharse antes de llegar a las manos. Tecumseh reivindicaba que las tribus nativo-americanas eran una sola nación, y que Miami no tenía el derecho de vender los terrenos mencionados en el tratado. Harrison disputaba esta declaración señalando que las tribus nativas siempre habían mantenido acuerdos con los occidentales, y además no compartían una lengua o cultura común. Ya que Harrison no podía entender a Tecumseh, lo dejó hablar, sin darse cuenta de que Tecumseh estaba dirigiéndose a sus hombres para indicarles que empezasen a atacarlo. Sin embargo, Harrison y su grupo se marcharon antes de que las cosas fueran demasiado lejos.

Con Tenskwatawa como líder espiritual, y Tecumseh como líder militar, el sueño de Tecumseh de formar una coalición de los nativos americanos casi se hace realidad. Sin embargo, mientras Tecumseh estaba intentando convencer a otros líderes para que entrasen en la coalición, Harrison llevó a sus fuerzas a Prophestown el 7 de noviembre de 1811, en la batalla de Tippecanoe. En vez de retirarse, como debieran haber hecho, Tenskwatawa decidió liderar la batalla contra los atacantes, con la esperanza de poder emular la valentía de su hermano. Sin embargo, fue brutalmente derrotado, y con la caída de Prophestown, las ambiciones de Tecumseh también se frustraron.

Después de esta derrota, Tecumseh se alió rápidamente con los británicos para poder acceder a las armas y provisiones que tan desesperadamente necesitaba para luchar contra los americanos. Terminó por aliarse con Isaac Brock, y los dos establecieron una coalición bastante funcional. Las fuerzas de Tecumseh conocían bien el terreno, y eran muy dotados en los ataques de guerrillas, acosando a las fuerzas americanas e interrumpiendo frecuentemente sus líneas de aprovisionamiento y comunicación, una táctica que frustró el primer intento americano de invadir Canadá. Tecumseh participó, con Brock, en el asedio de Detroit en 1812, y también en el de Fort Meigs en 1812. Después de la muerte de Brock, Tecumseh se alió con el coronel Henry Procter en la batalla del Támesis, pero esta alianza no resultó muy fructífera. Mientras que la relación que mantenían Tecumseh y Brock era muy cordial, este no era el caso con Procter. De hecho, decidieron atacar por separado. La estrategia de Tecumseh no resultó exitosa, lo que le costó la vida. Nunca se identificó el cuerpo de manera formal, pero uno de los cuerpos que se le parecía mucho presentaba heridas mortales.

La muerte de Tecumseh fue un duro golpe para los nativos en el siglo XIX. Aquellos que se opusieron a él enseguida cayeron en su error, ya que poco a poco, las tribus fueron forzadas a recluirse en reservas.

Isaac Brock

Si bien George Prévost elaboró los planes para la defensa de Canadá en la guerra de 1812, fue Isaac Brock quien los convirtió en realidad. Lleno de energía, popular y ambicioso, Isaac Brock quería la fama y la gloria que solo las guerras europeas le podían traer. Pensaba que si probaba su valía en los conflictos norteamericanos podría conseguir ser transferido a las fronteras europeas como en su juventud. Isaac Brock nació en la isla británica de Guersey el 6 de octubre de 1789. Su padre era marinero en la Armada británica, y él siguió sus pasos cuando se hizo mayor. A pesar de su poca educación, Brock tenía una sed insaciable de conocimiento y era un lector voraz. Brock se unió a su hermano en el 8avo regimiento cuando tenía quince años y se las ingenió para llegar a ser teniente en el 1790, comprando estas promociones, al igual que Prévost lo había hecho.

Al año siguiente, Brock fue ascendido al rango de capitán y obtuvo el mando de su propia compañía. Después de un breve período de dos años en el Caribe, Brock cayó gravemente enfermo, y regresó a Inglaterra al borde de la muerte en 1793. Después de unos años, Brock comandó el 49º Regimiento en la guerra de la Segunda Coalición (una guerra que luchó contra la Francia revolucionaria) en 1798 en la República de Batavia. Luchó en Europa durante cuatro años antes de ser asignado a Canadá en 1802. En lugar de luchar en la primera línea, Brock se encargaba de lidiar con disputas internas, como deserciones y motines. Para un aventurero del más alto calibre, no podría haber un destino peor. Para prueba esta historia sobre Brock y un duelista cuando se unió al 49º Regimiento. El duelista era un oficial del mismo regimiento que supuestamente insultó a Brock lo suficiente como para que este pidiese un duelo de pistola. Cuando se establecieron las condiciones del duelo, Brock exigió que la distancia entre uno y otro fuera la de un pañuelo estirado. Al escuchar esta condición, el oponente de Brock renunció al duelo y se retiró del regimiento.

Después de su llegada a Canadá, Brock empezó a preocuparse de cómo mejorar las defensas de Canadá, algo que beneficiaría enormemente a la región. A pesar de sus mejores esfuerzos, el apoyo y los suministros en Canadá eran escasos, y Brock anhelaba regresar al teatro europeo de las guerras napoleónicas. En lugar de atender a sus repetidas solicitudes, se le dio más responsabilidad, convirtiéndose en el administrador del Alto Canadá junto con un ascenso a general. Fue durante este tiempo que Brock solidificó su alianza con los nativos americanos, que se convertirían en sus aliados en la guerra de 1812.

A pesar de todos estos preparativos, Brock fue tomado por sorpresa cuando los estadounidenses declararon la guerra en junio de 1812. Solo tenía 1.200 soldados rasos a su disposición. Aunque había reestructurado la milicia canadiense, no confiaba en que los canadienses fueran tan efectivos y leales como sus soldados británicos. A pesar de sus dudas, decidió confiar en el Capitán Charles Roberts, quien estaba a cargo de un grupo heterogéneo formado por soldados y nativos americanos, para atacar Fort Mackinac si lo consideraba posible. El Capitán Roberts demostró ser muy capaz, apoderándose del fuerte estadounidense con facilidad (probablemente ayudó que los hombres estacionados en el fuerte ni siquiera supieran que se había declarado la guerra). Esta victoria alentó a los nativos americanos que aún eran neutrales a aliarse con los británicos. Inicialmente, Brock y George Prévost estaban en desacuerdo entre sí en el manejo de la defensa de Canadá. Mientras Brock quería aprovechar el impulso de la victoria de Robert en Fort Mackinac y hacer retroceder a los estadounidenses, Prévost, que aún no había asumido el cargo de gobernador, quería esperar. Pero las fuerzas estadounidenses no esperaron y obligaron a Brock a actuar cuando el general de brigada William Hull se mudó a Canadá desde Detroit el 11 de julio. Aunque los estadounidenses se retiraron, Brock siguió adelante con unos 400 hombres, con la intención de aplastar a las fuerzas estadounidenses. El mismo Tecumseh se unió a Brock con 600 guerreros en

Amherstburg el 13 de agosto. Combinando sus fuerzas juntas, los dos comandantes capaces sitiaron con éxito el Fuerte Detroit, logrando una impresionante victoria tres días después a pesar de ser superados en número. Tecumseh estaba tan impresionado con Brock que, a pesar de algunas pequeñas diferencias, lo elogió y respetó por ser "un hombre de verdad". Brock incluso prometió una negociación con los Shawnee, sin prometer demasiado; muchos historiadores suponen que, si Brock hubiera vivido, el destino de las naciones nativas americanas en el siglo XIX podría haber sido diferente.

A pesar de estos primeros éxitos, que definitivamente afectaron la moral estadounidense, Isaac Brock no vivió lo suficiente como para ver los frutos de su éxito. Poco después de la primera ola de invasión, la administración de Madison decidió enviar la segunda ola para conquistar Canadá cruzando el río Niágara. Esta vez, las fuerzas estadounidenses estaban dirigidas por el general estadounidense Stephen Van Rensselaer III. Cuando comenzó la batalla de Queenston Heights el 13 de octubre de 1812, Brock todavía no había llegado al campo de batalla. Cuando llegó a Queenston Heights, las fuerzas estadounidenses habían cruzado con éxito el Niágara y estaban luchando para tomar el control del lado canadiense del río, obligando a Brock y sus fuerzas a retirarse. Temiendo que los estadounidenses pudieran abrirse paso, Brock inmediatamente dirigió un contraataque para hacer retroceder a las fuerzas estadounidenses. A pesar de sus valientes esfuerzos, Brock finalmente cayó en la batalla después de ser gravemente herido. Después de su muerte, y la del comandante posterior, las tropas británicas se retiraron hasta que el mayor general Roger Sheaffe llegó y derrotó a las fuerzas estadounidenses.

Tres días después de su muerte, el 16 de octubre de 1812, el general Isaac Brock fue enterrado en Fort George. Casi 5.000 personas asistieron a su funeral, un número sorprendente considerando lo dispersa que estaba la población canadiense en ese momento. Los canadienses, los británicos y los nativos americanos vinieron a presentar sus respetos al héroe caído. Si bien la muerte de Isaac Brock fue una derrota aplastante, ayudó a despertar un intenso espíritu de lucha dentro de las fuerzas canadienses durante el resto de la guerra de 1812.

Capítulo Tres: Cronología de la guerra de 1812

Dado que la guerra de 1812 tuvo lugar en múltiples escenarios, la secuencia de eventos descritos en este libro puede ser desconcertante para muchos lectores, considerando la extensión del libro y la forma en que se clasifican los eventos. También hay que tener en cuenta que se celebraron tantos eventos en la guerra de 1812 que no es posible encajarlos en un único libro. Para facilitar las cosas a los lectores, antes de profundizar en el tema se presenta aquí un resumen de los principales hitos de la guerra de 1812, incluidos los eventos que condujeron a la guerra. Si en algún momento se siente confundido sobre la secuencia de eventos, diríjase a este capítulo. También se incluyen algunos incidentes menores que no serán cubiertos ampliamente en este libro.

1803

30 de abril - Firma del Tratado de Compra de Louisiana, que permite a los EE. UU. obtener el territorio francés de Louisiana. Este tratado permitió aumentar la frontera oeste de los Estados Unidos en más de 800.000 millas cuadradas.

1804

2 de diciembre - Napoleón es coronado Emperador de Francia. Aunque no existe un consenso respecto a la fecha de inicio exacta de las guerras napoleónicas, la mayoría piensan que es el 2 de diciembre.

1805

22 de mayo - El Parlamento británico aprueba la Decisión de Essex que impide a Francia conseguir provisiones en ultramar. Esta ley enunciaba que, en tiempos de guerra, solo se podría comerciar con productos de naturaleza civil en aguas británicas, prohibiendo las armas y las provisiones militares.

1806

18 de abril - La ley de No-Importación se aprueba en EE. UU. como respuesta a la ley de restricciones comerciales impuesta por los británicos para cortar el suministro francés. Esta ley no tuvo tanto impacto como los americanos deseaban.

21 de noviembre - Napoleón promulga el Decreto de Berlín para imponer un bloqueo a los británicos para excluirlos del comercio con la Europa continental.

1807

22 de junio - Tiene lugar el asunto *Chesapeake-Leopard*, lo que enfurece al público americano.

11 de noviembre - Gran Bretaña promulga las Órdenes del Consejo, que restringen aún más el comercio internacional entre Francia y sus aliados, así como con el resto del mundo. Los americanos fueron los que sufrieron el mayor impacto porque eran los que tenían el mayor volumen comercial con Europa.

22 de diciembre - El Congreso de EE. UU. promulga la Ley Embargo. Cansados de las restricciones de británicos y franceses, los EE. UU. decidieron parar todo comercio con Europa. Esto tuvo un gran impacto negativo en su economía, y se retiró poco después.

1809

1 de marzo - La Ley de No-Comercio, que reemplaza a la Ley Embargo, es promulgada en tal fecha. El Congreso de EE. UU. decide comerciar con todos los países europeos menos con Gran Bretaña y Francia, con la intención de restaurar la economía americana. Esta ley se promulga en los últimos días del gobierno del presidente Jefferson y termina siendo un fracaso.

4 de marzo - El presidente Jefferson se retira y se proclama a James Madison como el cuarto presidente de los EE. UU. Debido a la situación política y económica de los EE. UU., Madison se ve obligado a emprender acciones inmediatas.

30 de septiembre - Se firma el Tratado de Fort Wayne. También conocido como el Tratado de la Línea de Doce Millas, este tratado permite a EE. UU. la compra de tres millones de hectáreas de las tribus nativas americanas en lo que actualmente es Indiana e Illinois. Este tratado precipita la guerra de Tecumseh.

1810

1 de mayo- El presidente Madison promulga la ley Macon número 2. Los barcos americanos estaban siendo capturados por franceses y británicos. Como las leyes Embargo y No-Comercio resultaron ser ineficaces, se propuso esta ley en 1810 para poner fin al problema, ya que estaba costando muy caro. Esta nueva ley permitió a los americanos comerciar con franceses y británicos de nuevo, con la advertencia de que cualquiera que violase los derechos de los EE. UU. sería considerado país enemigo. Napoleón parecía estar interesado en una alianza, pero luego se retractó. Mientras que los americanos consiguieron liberarse de los franceses, con los británicos fue diferente. Ultrajados por la arrogancia que percibían por parte de los americanos, los británicos redoblaron su acoso a los navíos mercantes americanos. Esto le dio la oportunidad a los War Hawks de Washington de inflamar la opinión pública en los periódicos.

Agosto- Empieza la guerra de Tecumseh.

1811

2 de febrero –El comercio con Gran Bretaña se termina de manera oficial. Esta vez, la suspensión dura hasta que se termina la guerra de 1812.

16 de mayo – Tiene lugar el caso *Little Belt*, que marca el inicio de la guerra de 1812.

9 de octubre – El General Isaac Brock es nombrado administrador de Alta Canadá.

7 de noviembre – Tiene lugar la batalla de Tippecanoe. La derrota desmantela todo el trabajo emprendido por Tecumseh para lograr una confederación nativo-americana.

1812

16 de junio – Gran Bretaña retira las Órdenes del Consejo, que restringían el comercio americano. Sin embargo, los americanos declararon la guerra dos días más tarde.

18 de junio – Los Estados Unidos declaran la guerra a Gran Bretaña al invadir Canadá. El presidente Madison entendía que, si conseguían invadir Canadá antes de que los británicos pudiesen reaccionar, los americanos podrían debilitar a la Marina Real al cortarles el suministro de cobre que necesitaban para construir sus navíos.

22 de junio – En Baltimore, una mafia destruye las imprentas del periódico Federal Republican, una publicación que estaba en contra de la guerra. El propietario del periódico, Alexander Contee Hanson, expresó su preocupación de que Estados Unidos no estuviera bien equipado para la guerra y advirtió la desaparición de Estados Unidos si participaba en una guerra contra Gran Bretaña. El sentimiento general en Baltimore era favorable a la guerra, por lo que esto no cayó bien entre la población. La mafia atacó a Hanson y sus amigos, quienes escaparon a la cárcel temporalmente, pero la mafia irrumpió en ella y asaltó a los hombres con cuchillos y palos. Hanson fue dado por muerto, mientras que otro amigo, que era general en la milicia, fue asesinado por la mafia.

12 de julio – El general William Hull cruza el río Detroit y llega a Canadá. Esta maniobra formaba parte del plan de invasión en tres fases ideado por el Ejército de los EE. UU. para apoderarse de Canadá desde tres frentes.

17 de julio - Fort Mackinac se rinde a las fuerzas británicas-canadienses-nativas americanas sin siquiera disparar un tiro. Este fue el primer gran enfrentamiento terrestre de la guerra, y esta victoria influyó en las tribus nativas americanas que aún no se habían aliado con los británicos.

19 de julio – Tiene lugar la primera batalla del puerto de Sacket. Como era una posición estratégica naval importante para la Armada estadounidense, Sacket's Harbour fue atacado dos veces por las fuerzas británicas en la guerra de 1812. El primer ataque fue dirigido por la Armada Real, y fue neutralizado fácilmente por los estadounidenses.

5 de agosto - La batalla de Brownstown.

9 de agosto - La batalla de Maguaga. A menudo se considera que esta batalla comenzó debido a que ambas partes se toparon accidentalmente entre sí.

15 de agosto – 16 de agosto - El asedio de Fort Detroit. A pesar de ser superados en número, las fuerzas británicas-canadienses-nativas americanas obtuvieron una victoria abrumadora que dio un duro golpe a las fuerzas y la moral estadounidenses.

15 de agosto - La batalla de Fort Dearborn.

19 de agosto – La *Constitución* del USS derrota al HMS *Guerriere*. Si bien no fue una batalla naval a gran escala, fue la primera victoria estadounidense en la guerra de 1812, que ayudó a aumentar la moral estadounidense

3 de septiembre – Se lleva a cabo la masacre de Pigeon Roost. Podría decirse que fue la primera masacre de la guerra de 1812. Un grupo de Shawnees, y posiblemente algunos Delawares y Potawatomis, atacaron la pequeña aldea de Pigeon Roost, matando a 24 colonos, 15 de los cuales eran niños.

5 de septiembre - Primer asedio de Fort Madison.

5 de septiembre - 12 de septiembre - El asedio de Fort Wayne, que supuso la primera gran pérdida de los nativos americanos en la guerra de 1812.

21 de septiembre – El asedio de Gananoque, ubicado en el Alto Canadá.

13 de octubre - La batalla de Queenston Heights, ubicada en Ontario. El general Isaac Brock murió en esta batalla.

18 de octubre - Los estadounidenses de la *Wasp* USS capturan el HMS *Frolic*. Los británicos tuvieron 15 muertos y 43 heridos, mientras que los estadounidenses tuvieron 5 muertos y 5 heridos. Sin embargo, la Marina Real tomó represalias el mismo día y recuperó el barco capturado, así como el *Wasp* USS.

23 de noviembre - Los estadounidenses se retiran del este de Canadá después de que fracasara la primera ola de invasión de Canadá. Esto no significa que renunciaran a la invasión, sino que estaban tratando de ahorrar recursos.

10 de noviembre – La Armada estadounidense lidera un ataque contra el puerto de Kingston, que era un importante puerto canadiense.

22 de noviembre - La batalla de Wild Cat Creek.

28 de noviembre - La batalla de Frenchman´s Creek.

17-18 de diciembre - La batalla de Mississinewa.

28 de diciembre: William Henry Harrison renuncia como gobernador del Territorio de Indiana y, en cambio, se convierte en general de brigada.

29 de diciembre – La *Constitution* del USS derrota al HMS *Java*. Justo un poco antes de Navidad, la *Constitution* del USS se encontró con el HMS *Java* mientras patrullaba la costa de Brasil. Ambas fragatas entraron en una breve escaramuza que terminó con la rendición del HMS *Java*.

1813

9 de enero - Gran Bretaña declara la guerra a los Estados Unidos. Si bien los británicos ya habían estado en guerra con los estadounidenses durante un tiempo, no habían anunciado públicamente la guerra. En este día, la declaración oficial de la guerra de 1812 se anunció en Gran Bretaña. Canadá también comenzó a recibir más apoyo militar continental de Gran Bretaña después de la declaración.

13 de enero – John Armstrong reemplaza a William Eustis como secretario de guerra de los Estados Unidos. Un héroe de la Revolución americana, Armstrong estaba en la jubilación cuando fue llamado por el gobierno de los Estados Unidos. Jugó un papel decisivo en la organización del Ejército de los EE. UU., pero es más conocido por su fracaso en la defensa de Washington, D.C., en la guerra de 1812.

18-23 de enero - La batalla de Frenchtown, también conocida como la batalla del río Raisin o la masacre del río Raisin. Esta batalla tuvo la tasa más alta de bajas para las fuerzas estadounidenses en la guerra de 1812 en una sola batalla. Cuatrocientos diez milicianos de Kentucky murieron en esta batalla, mientras que las fuerzas británico-canadienses tuvieron 25 muertes.

22 de febrero – Tiene lugar la batalla de Ogdensburg. Ogdensburg fue un importante puesto avanzado de suministros para las fuerzas estadounidenses en Nueva York. Los británicos atacaron este pequeño pueblo y lo tomaron, eliminando una amenaza directa a las líneas de suministro británicas hacia el comienzo de la guerra.

27 de abril - Tiene lugar la batalla de York, ubicada en el moderno Toronto. El general de brigada estadounidense Zebulon Pike es asesinado en esta batalla.

29 de abril - Tiene lugar la incursión en Frenchtown, Maryland, por parte de una Armada británica comandada por el contralmirante George Cockburn. Este éxito le dio razones a Cockburn para continuar aventurándose a lo largo del río Elk.

4 de marzo - James Madison se inaugura para su segundo mandato como presidente.

28 de abril al 9 de mayo - Tiene lugar el asedio de Fort Meigs, ubicado en la moderna Perrysburg, Ohio. El asedio no comenzó oficialmente hasta el 1 de mayo. A pesar de sus mejores esfuerzos, las fuerzas británicas no lograron capturar el fuerte y se vieron obligadas a retirarse.

3 de mayo - La incursión en Havre de Grace, Maryland, fue bastante única, ya que solo hubo una víctima en esta incursión. Pero la quema de Havre De Grace hizo que los estadounidenses tuvieran tanto miedo de la oposición como resentimiento.

25-27 de mayo - Se celebra la batalla de Fort George. Esta fue una de las primeras y más grandes victorias estadounidenses en el Alto Canadá. Liderando un asalto anfibio, compuesto por pequeños botes e infantería, Oliver Hazard Perry y Henry Dearborn obtuvieron una victoria abrumadora. Este patrón también se repitió en algunas otras victorias estadounidenses.

28 y 29 de mayo - Se lleva a cabo la segunda batalla del puerto de Sacket. Después de una brecha de diez meses, las fuerzas británicas atacaron el puerto de Sacket por segunda vez en vano. Las fuerzas estadounidenses una vez más repelieron a las fuerzas británicas dirigidas por George Prévost y James Lucas Yeo. Mientras que los británicos tenían más soldados muertos y heridos, lograron capturar 154 estadounidenses durante la batalla.

1 de junio - El USS *Chesapeake* es capturado por la fragata británica HMS *Shannon*; esta escaramuza también se conoce como «la batalla del puerto de Boston». En una batalla corta y brutal, las fuerzas estadounidenses y británicas lucharon durante unos quince minutos, lo que resultó en 71 bajas (23 británicas y 48 estadounidenses) y la captura del USS *Chesapeake*. El capitán James Lawrence murió tres días después debido a sus heridas.

6 de junio - Tiene lugar la batalla de Stoney Creek. Esta fue una victoria decisiva para las fuerzas británico-canadienses bajo el coronel John Harvey, que expulsó a los estadounidenses del Alto Canadá de forma permanente. A pesar de sufrir numerosas bajas, las fuerzas británico-canadienses capturaron a los comandantes enemigos, desarmando a las fuerzas estadounidenses.

22 de junio - Se celebra la batalla de la isla de Craney. Esta fue una victoria emocionante para los estadounidenses, quienes vieron a las fuerzas navales británicas dirigidas por el contralmirante George Cockburn retirarse con cerca de 200 bajas. Además de defender Norfolk, que era el objetivo principal de las fuerzas británicas, esta batalla esencialmente desalentó cualquier iniciativa naval británica importante en la región durante el resto de la guerra de 1812.

24 de junio - Se celebra la batalla de Beaver Dams. Esta es también el inicio de la leyenda canadiense del heroico viaje de Laura Secord desde Queenston a DeCew House para advertir a los británicos de un ataque sorpresa de los estadounidenses. Las fuerzas estadounidenses inicialmente contaban con el elemento sorpresa, pero gracias a la advertencia, las fuerzas británico-canadienses pudieron repelerlas con éxito.

25 de junio - Se lleva a cabo la quema de Hampton, Virginia. Un grupo de asalto británico dirigido por el contralmirante George Cockburn dirigió un ataque contra la ciudad de Hampton y la quemó. A pesar de la feroz resistencia de la milicia local, la batalla terminó con una victoria británica.

10 de agosto – Se celebra la batalla de St. Michaels. Esta fue otra expedición dirigida por el almirante Cockburn, pero esta resultó en una victoria estadounidense.

30 de agosto – La masacre de Fort Mims tiene lugar en Alabama. Parte de la guerra Creek, un ejército de Red Sticks, liderado por el Jefe Águila Roja y Peter McQueen, masacró a los habitantes de Fort Mims, lo que generó un fuerte sentimiento anti-nativo americano entre el público estadounidense.

10 de septiembre – La batalla del lago Erie. Esto también se considera el conflicto naval más grande y significativo en la guerra de 1812, con los estadounidenses logrando una gran victoria.

5 de octubre – La batalla del Támesis. Tecumseh es asesinado, señalando el final de la guerra de Tecumseh.

26 de octubre – Tiene lugar la batalla del Chateauguay. A pesar de contar con un número superior, las fuerzas estadounidenses no estaban entrenadas ni tenían experiencia, lo que permitió que las fuerzas británicas y nativas del Bajo Canadá las contrarrestaran con éxito.

3 de noviembre – Se celebra la batalla de Tallushatchee. Parte de la guerra Creek, esta batalla fue una victoria decisiva para las fuerzas estadounidenses bajo John Coffee. Esta escaramuza fue parte de la campaña de Andrew Jackson para someter a los Red Sticks.

9 de noviembre – Tiene lugar la batalla de Talladega. Al igual que la batalla de Tallushatchee, resultó en otra victoria estadounidense bajo el propio Andrew Jackson. A pesar de una victoria abrumadora, las fuerzas de Jackson se separaron en el transcurso del mes siguiente.

11 de noviembre – Tiene lugar la batalla de la granja de Crysler. Al igual que la batalla del Chateauguay, las fuerzas británico-canadienses obtuvieron una victoria abrumadora a pesar de las grandes probabilidades una vez más.

29 de noviembre – Se celebra la batalla de Autossee. Esta fue una escaramuza corta y brutal, donde aproximadamente 200 Red Sticks fueron asesinados por las fuerzas conjuntas estadounidenses y Creek lideradas por el general John Floyd.

19 de diciembre – Se lleva a cabo la captura de Fort Niagara. Una victoria importante para las fuerzas británico-canadienses, lideradas por Gordon Drummond. Liderando a 560 regulares y milicianos, Drummond dirigió un ataque sorpresa que abrumó a los habitantes del fuerte en el transcurso de una sola noche.

1814

22-24 de enero – Tienen lugar las batallas de Emuckfaw y Enotachopo Creek. Estas fueron las primeras batallas lideradas por Andrew Jackson después de reorganizar sus fuerzas en los primeros días de enero. Las batallas resultaron en un empate, provocando que Jackson se retirara a su campamento en Fort Rogers.

27 de enero – Tiene lugar la batalla de Calebee Creek. El general John Floyd dirigió con éxito a las fuerzas estadounidenses contra los hostiles Red Sticks, haciéndolos retroceder.

27 de marzo – Tiene lugar la batalla de Horseshoe Bend. Esta batalla terminó con la guerra del Arroyo definitivamente y fue una de sus batallas más grandes. Todos los Creek hostiles fueron asesinados en la batalla, ya que se negaron a rendirse.

30 de marzo – Tiene lugar la batalla de Lacolle Mill. Técnicamente, esta es la segunda batalla de Lacolle Mill, pero la primera (que tuvo lugar en 1812) no es tomada en cuenta por muchos historiadores debido a su pequeño tamaño. Las fuerzas británico-canadienses lograron hacer retroceder a los estadounidenses, asegurando una victoria.

13 de abril – Se ratifica el Tratado de Fontainebleau. Napoleón ya había abdicado del trono en este punto, y este tratado lo exilió a Elba, que se encuentra frente a la costa de la Toscana. Este tratado también permitió a Gran Bretaña centrarse en la guerra en Estados Unidos.

6 de mayo – Tiene lugar la batalla de Fort Oswego.

14-16 de mayo - Se lleva a cabo la incursión en Port Dover. Sin estar cumpliendo ninguna orden, el teniente coronel John Campbell y sus hombres destruyeron casas y propiedades privadas. Este evento ayudó a estimular a los británicos durante la quema de Washington.

3 de julio - La captura de Fort Erie se lleva a cabo bajo el mando del mayor general estadounidense Jacob Brown y el general de brigada Winfield Scott. La gran fuerza estadounidense se movió hacia Fort Erie con pocos daños y bajas, y la pequeña guarnición británica se rindió muy rápidamente después de disparar algunos disparos.

5 de julio - Tiene lugar la batalla de Chippawa. Otra victoria impresionante para el ejército estadounidense, esta fue la primera batalla en la que la infantería estadounidense se mantuvo firme contra los regulares británicos. Su victoria en esta batalla reforzó en gran medida la confianza de su ejército.

22 de julio - Se firma el Tratado de Greenville. Este tratado, firmado entre los Wyandots, Delawares, Shawanoese, Senecas, Miamies y el gobierno de los Estados Unidos, redefinió la frontera del Territorio del Noroeste, dando a los colonos estadounidenses un punto de apoyo en la región en las próximas décadas.

25 de julio - Tiene lugar la batalla de Lundy's Lane, una de las batallas más violentas de la guerra. Los estadounidenses una vez más demostraron su fuerza recién descubierta al derrotar a los regulares británicos. Esta batalla finalmente convenció a los británicos de tomar a la infantería estadounidense como una seria amenaza.

4 de agosto al 21 de septiembre - Tiene lugar el asedio de Fort Erie. Este fue uno de los enfrentamientos más prolongados en la guerra de 1812. Ambas partes sufrieron grandes bajas y pérdidas: los británicos sufrieron casi 1.550 bajas mientras que los estadounidenses sufrieron 1.075 bajas. Los estadounidenses lograron aferrarse al fuerte al final.

8 de agosto - Las negociaciones de paz entre los británicos y los estadounidenses comienzan en Europa. Ambas partes inicialmente trataron de retrasar las negociaciones para dar a sus ejércitos una mejor oportunidad de crear mejores condiciones para negociar. Cuando eso no sucedió, la tregua terminó a finales de año.

9 de agosto - Se firma el Tratado de Fort Jackson, terminando la guerra de Creek.

3 de julio - Tiene lugar la captura de Fort Erie bajo el mando del General Jacob Brown

24 de agosto - La batalla de Bladensburg tiene lugar. Esto es considerado por muchos historiadores militares como "la mayor desgracia cometida contra armas estadounidenses". El ejército estadounidense sufrió una humillante derrota a manos de las fuerzas británicas dirigidas por el contralmirante George Cockburn y el mayor general Robert Ross. Esta batalla supuso la caída de la capital de los EE. UU. y la posterior quema de Washington, D.C.

24 de agosto - El incendio de Washington, D.C.

29 de agosto al 2 de septiembre - Se lleva a cabo la incursión en Alejandría. Después de capturar Fort Washington como una distracción para las tropas británicas en la batalla de Bladensburg, el comodoro James Gordon decidió capturar Alejandría, ya que era un objetivo viable. Pero después de tres días de lucha, la Marina Real hizo una retirada táctica.

6 al 11 de septiembre - Tiene lugar la batalla de Plattsburgh. Esta batalla de cinco días enfrentó a 11.000 soldados británicos contra 6.300 soldados estadounidenses. La guerra naval también fue una gran parte de esta batalla, ya que una variedad de pequeños barcos y cañoneras se enfrentaron entre sí. Después de un día de feroces combates, Prévost se dio cuenta de que incluso si se capturase Plattsburgh, los británicos no podrían mantener el control, ya que no tenían control sobre el lago Champlain. Como resultado, retiró sus fuerzas, concedió la derrota y se dio cuenta de la impracticabilidad de continuar el conflicto.

12 de septiembre – Se produce la batalla de North Point. En esta batalla las fuerzas estadounidenses repeliesen un ataque anfibio británico. A pesar de tener una ventaja numérica sobre los estadounidenses, las fuerzas británicas quedaron muy desmoralizadas por la muerte del mayor general Ross al comienzo de la batalla. Su muerte detuvo el movimiento de las fuerzas británicas, lo que les dio tiempo a los estadounidenses para reforzar sus defensas en la región. Como resultado, los británicos abandonaron el ataque que tenían planeado contra Baltimore dos días después.

14 de septiembre - Francis Scott Key escribe el poema Defensa de Fort M'Henry, que luego se sintonizaría y se convertiría en "El estandarte estrellado".

6 de noviembre - La batalla de los molinos de Malcolm tiene lugar. Esta batalla es la última escaramuza que tuvo lugar en suelo canadiense en la guerra de 1812. Una pequeña fuerza estadounidense de 800 liderados por el general de brigada Duncan McArthur estaba atacando el Alto Canadá cuando derrotaron a una fuerza británica más pequeña de 550 cerca de los molinos de Malcolm. Pero poco después de esta batalla, los estadounidenses se retiraron del Alto Canadá de forma permanente.

7 al 9 de noviembre – Se produce la batalla de Pensacola. Uno de los mayores logros de Andrew Jackson en la guerra de 1812, esta batalla supuso la supresión de la presencia militar española y británica en Florida.

1 de diciembre – Los delegados de paz reanudan sus conversaciones en Gante. En este momento, ambas partes se dan cuenta de que la lucha adicional era infructuosa y se apresuraron a firmar un tratado de paz.

24 de diciembre – El Tratado de Gante es firmado por los británicos y los estadounidenses. La ratificación oficial del tratado no se completará hasta febrero del próximo año.

27 de diciembre – Los británicos ratifican el Tratado de Gante.

1815

9 de enero - Tiene lugar la batalla de Nueva Orleans. Los estadounidenses infligieron diez veces las bajas que recibieron a las fuerzas británicas atacantes. El mayor general sir Edward Pakenham dirigió las fuerzas británicas y murió en la batalla. La derrota británica a menudo se atribuye a una mala planificación y coordinación.

17 de febrero - El Senado de los Estados Unidos ratifica el Tratado de Gante.

18 de febrero - Se declara el Tratado de Gante, que pone fin a la guerra de 1812.

20 de febrero - La *Constitution* del USS ataca al HMS *Cyane* y al HMS *Levant*. Aunque la guerra había terminado en este punto, los hombres a bordo de los barcos no lo sabían.

6 de abril - Se lleva a cabo la "Masacre de Dartmoor" en la prisión de Dartmoor en Devon, Inglaterra. Siete prisioneros de guerra estadounidenses son asesinados y 32 heridos.

24 de mayo - Tiene lugar la batalla de Sink Hole. Esta es extraoficialmente la última acción militar de la guerra de 1812. Una pequeña banda de Sauk se enfrentó a las fuerzas estadounidenses en Missouri, sin saber que la guerra de 1812 ya había terminado.

Capítulo Cuatro: La guerra de 1812- La invasión de Canadá

De habernos echado atrás, tendríamos que haber admitido que, en esas circunstancias, en el elemento que constituye las tres cuartas partes del globo que habitamos y donde todas las naciones independientes tienen derechos comunes, el pueblo americano no es independiente, sino colono y vasallo. Ante esa alternativa, escogimos la guerra.

- Presidente James Madison, noviembre 1812

Conmovedor y provocativo, el pasaje anterior denota la retórica expertamente elaborada que el presidente James Madison presentó al Congreso de los Estados Unidos al proponer el proyecto de ley para ir a la guerra contra el Imperio británico. A pesar de tener una gran carga política, había mucha verdad en las palabras del presidente Madison. Pero el error más grande que cometió la administración de Madison fue pensar que podrían tomar el territorio de Canadá sin un plan concreto. La decisión fue apresurada, y la falta de motivación entre los soldados del escalafón superior del ejército de EE. UU. se hizo evidente antes de que terminara el año. En cierto modo, la guerra de 1812 fue una lección de humildad para el ejército estadounidense. Mostraba muchos de los errores organizativos y defectos de las fuerzas estadounidenses, que fueron rectificados después de que terminase la guerra. La victoria de la guerra revolucionaria americana había infundido un falso sentido de superioridad en las milicias estatales, que constituían el núcleo de la columna vertebral militar de los Estados Unidos en ese momento. Todo esto cambió con la guerra de 1812. Hasta esta guerra, los estadounidenses eran escépticos de un ejército permanente por dos razones: lo consideraban una amenaza a la soberanía de los estados individuales y consideraban que el gasto de mantenerlo era demasiado excesivo. Pero estas fuerzas armadas basadas en el estado también llegaron con algunos inconvenientes. La naturaleza basada en la lealtad de las milicias estatales hizo imposible entrenarlas de manera efectiva para una invasión a gran escala, ya que los voluntarios de la milicia no estaban dispuestos a abandonar su hogar y su familia. Para muchos milicianos, conquistar otro país ni siquiera formaba parte de la descripción de su trabajo, ya que las milicias estatales eran más una fuerza defensiva que ofensiva. El nivel de entrenamiento y disciplina de las unidades de milicia individuales también variaba de estado a estado: algunos estados tenían milicias bien organizadas con uniformes, mientras que otros eran solo civiles con armas. Los oficiales de mayor rango se elegían por su popularidad en lugar de por méritos, lo que también hace que su liderazgo sea problemático. Esta falta de liderazgo adecuado se demostró en el primer año de la guerra de 1812, en la cual el Ejército de los Estados Unidos lo pasó realmente mal, aunque en algunos casos lo hizo bien. La comunicación también terminó siendo un factor importante para las derrotas de las fuerzas estadounidenses. La falta de un ejército permanente también significaba que la comunicación entre las diferentes unidades de la milicia estaba desorganizada. Además, los sistemas de carreteras en América del Norte y Canadá no estaban tan estructurados como lo están hoy, lo que dificulta aún más los movimientos coordinados de las tropas. Dados sus números y recursos, incluso si los factores de entrenamiento y experiencia se eliminan del tablero, la invasión de Canadá podría haber sido muy fácil si se hicieran ataques simultáneos en Canadá desde múltiples direcciones. Pero el mayor error cometido fue un liderazgo inadecuado. A excepción de algunos de los oficiales al mando, incluida la Marina de los EE. UU., Andrew Jackson y William Henry Harrison, la mayoría de los comandantes tuvieron un desempeño terrible en esta guerra, a pesar de ser veteranos de la guerra revolucionaria americana.

Cuando se declaró la guerra, el presidente Madison se vio obligado a decidir quién lideraría la invasión canadiense. La lista de candidatos no inspiraba mucha confianza. Por un lado, tenía oficiales militares sin experiencia que tenían un rango y un coraje bastante altos, pero carecían de la experiencia para enfrentarse a un enemigo tan fuerte como los británicos. Por otro lado, había comandantes con experiencia práctica, pero decrépitos. Lo que Madison y los War Hawks en Washington no tomaron en cuenta fue que la guerra revolucionaria americana había sido una guerra defensiva por naturaleza. Por lo tanto, cualquier veterano de esa guerra no era apto para liderar una ofensiva en territorio enemigo. A pesar de todos estos factores, Madison decidió elegir al general de brigada William Hull para liderar la invasión a Canadá. En el momento de la invasión, Hull tenía 58 años. Aunque era un consumado soldado y líder, Hull no era un buen táctico ni estratega, un hecho que ayudó a que la primera invasión estadounidense en Canadá fuera un fracaso. El ejército estadounidense decidió lanzar su invasión desde Detroit, Michigan, con una fuerza de 7.000 milicianos. Incluso con todas estas desventajas en su contra, las fuerzas estadounidenses aún tenían una buena oportunidad de conquistar Canadá. En comparación con ellos, los números canadienses no eran nada, y se extendieron por la línea defensiva. Pero Isaac Brock contrarrestó este problema aliando a las fuerzas británicas y canadienses con los nativos americanos. Mientras buscaba activamente aliados nativos americanos, la suerte lo favoreció y terminó en una alianza con Tecumseh. Después de la batalla de Tippecanoe, Tecumseh y sus seguidores de Shawnee también estaban en una posición difícil, ya que Tecumseh necesitaba armas y suministros. Al aliarse con los británicos, Tecumseh consiguió los preciados artículos, mientras que los británicos ganaron soldados para su causa. Aunque su alianza con los británicos les había costado mucho a muchas tribus nativas americanas durante la guerra revolucionaria americana, todavía se aliaron con los británicos una vez más por necesidad. También ayudó que Brock causó una buena impresión en Tecumseh y obtuviese su aprobación como guerrero.

Lo que ayudó a conquistar la confianza de las tribus nativas americanas fueron las primeras victorias de Brock contra los estadounidenses. Tan pronto como se declaró la guerra, el comandante general Brock ordenó al capitán Charles Roberts, que había sido enviado a la isla de San José, ubicada en la parte noroeste del lago Hurón, capturar el fuerte Mackinac, que se encontraba en los Estados Unidos, en Mackinac Island, cerca del estrecho de Mackinac que conecta el lago Michigan y el lago Hurón. Después de semanas de preparativos, la ofensiva planeada fue cancelada y luego autorizada nuevamente en el transcurso de diez días. Finalmente, el 17 de julio, el Capitán Roberts lanzó su ataque contra Fort Mackinac con una fuerza de nativos americanos, comerciantes de pieles locales y clientes habituales británicos, que sumaban más de 600 hombres.

El ataque fue el ejemplo por excelencia de la frase "como quitarle un caramelo a un bebé". Debido a la ineficaz infraestructura de comunicación estadounidense, los habitantes de Fort Mackinac ni siquiera sabían que estaban en guerra con los británicos. Después de aterrizar en la Isla Mackinac, el Capitán Roberts y sus hombres simplemente arrastraron su cañón de campo de seis libras a un punto alto que daba al fuerte en las primeras horas del 17 de julio. Después de configurar su cañón, el Capitán Roberts envió un emisario al teniente Porter Hanks, exigiendo una rendición inmediata. Este sorprendente giro de los acontecimientos, junto con los informes exagerados de una presencia de nativos americanos por parte de los aldeanos que huyeron al fuerte, convencieron a Hanks de ceder ante las demandas de Roberts y rendirse. Las secuelas fueron realmente muy civilizadas, con poco o ningún saqueo y a los habitantes se les dio un mes para evacuar las instalaciones. Esta victoria fue decisiva para romper la moral estadounidense porque poco después, el general de brigada William Hull detuvo su marcha hacia Canadá y se retiró a los confines seguros de Detroit.

Mientras Hull estaba ocupado con planes de atacar Fort Amherstburg, la alianza británico-canadiense estaba avanzando con su victoria en la isla Mackinac para reclutar más aliados. Después de la victoria en Fort Mackinac, la siguiente gran victoria británica se produjo en la batalla de Brownstone, que tuvo lugar el 5 de agosto de 1812. Esta vez, los nativos americanos participaron sin ayuda británica, aunque los británicos los alentaron a hacerlo, contra el mayor Thomas Van Horne, que era parte de las fuerzas del general de brigada Hull. El general de brigada Horne fue enviado por el general de brigada Hull al río Raisin cerca de Brownstown para recoger suministros y ganado para Fort Detroit. A pesar de tener una fuerza bastante grande de 200 hombres, las fuerzas estadounidenses perdieron ante la mera fuerza de 25 hombres que fueron dirigidos por Tecumseh, el jefe Daimee de Chickamauga y el Jefe Redondo de la tribu Wyandot. Esto sucedió porque la milicia no estaba entrenada; cuando Van Horne llamó a la retirada, la mayoría de los hombres entraron en pánico y se dispersaron. Las fuerzas nativas americanas mataron a dieciocho hombres e hirieron a otros doce. Setenta soldados estadounidenses desaparecieron después de este conflicto, aunque muchos de ellos regresaron a Detroit en los días siguientes.

Cuando la noticia de esta derrota llegó a oídos del general de brigada Hull, este duplicó el ritmo de su retirada mientras dejaba al teniente coronel James Miller con alrededor de 600 hombres para actuar como una fuerza permanente en Canadá para recuperar los suministros que Van Horne no pudo capturar. Hull también abandonó sus planes de asediar Fort Amherstburg, pero el mayor general británico Brock no estaba al tanto de esto. Para fortalecer la moral de las fuerzas públicas y militares canadienses, Brock había decidido mudarse a Fort Amherstburg para supervisar sus defensas. En su ausencia, el mayor Adam Muir quedó a cargo de las defensas para el Alto Canadá. Desafortunadamente para el teniente coronel Miller, cuando intentó recuperar los suministros previstos para Hull el 9 de agosto cerca de la aldea Wyandot de Maguaga, ubicada en la actual Michigan se topó con la fuerza de 205 hombres del comandante Muir. A pesar de tener una ventaja en números, Miller no pudo ganar esta escaramuza debido a su incapacidad para coordinar a sus hombres.

Muchos historiadores consideran la batalla de Maguaga como una parodia en la historia militar de los Estados Unidos. Cuando comenzó el ataque, las fuerzas británicas terminaron disparando a sus aliados Potawatomi en lugar de a los estadounidenses, revelando su posición y perdiendo el elemento sorpresa. Pero luego Miller cometió el error de ordenar que sonara la corneta, lo que envió a las fuerzas británicas a una retirada oportuna, ya que la infantería ligera del ejército británico utilizaba la misma señal. Cuando sonó el clarín, algunos de los hombres de Muir lo tomaron como una orden de retirada, y retrocedieron mientras las fuerzas estadounidenses atacaban el lugar donde habían estado reunidos hace unos momentos. Esto resultó en una confusión total para las fuerzas de Miller, ya que creían que habían ganado cuando fueron repentinamente atacados por los hombres de Muir, que habían sido reunidos por su comandante. El ataque sorpresa dejó a dieciocho estadounidenses muertos y muchos más heridos; Muir tuvo muchas menos víctimas. Esta escaramuza rompió los nervios de Miller y se instaló en el campamento, negándose a recuperar los suministros o regresar a Fort Detroit, a pesar de recibir repetidas órdenes del General de Brigada Hull. El comandante Muir, por otro lado, navegó sus fuerzas inmediatamente después de esta escaramuza para viajar a Fort Amherstburg.

Pocos días después de esto, tuvo lugar el Asedio de Fort Detroit. Brock y Tecumseh actuaron con una velocidad que sorprendió al ejército estadounidense, que ya estaba desmoralizado después de los ataques anteriores de Brock y Tecumseh. Pocos días después de conocerse a principios de agosto de 1812, las fuerzas británicas y nativas americanas se unieron para atacar Fort Detroit. El asedio de Fort Detroit tuvo lugar el 15 de agosto de 1812 y terminó un día después con solo dos heridos en el lado británico. Superados en número y frente a una ciudad fortificada que podría resistir un ataque durante meses, Brock y Tecumseh siguieron un plan que se basaba más en la astucia y la táctica que en los números y la fuerza bruta. Tenían alrededor de 1.330 guerreros nativos americanos, asiduos británicos y milicianos a su disposición, mientras que el general de brigada Hull tenía cerca de 2.200 hombres, más que suficiente para defenderlo. Sin embargo, el general de brigada Hull ni siquiera estaba preparado para atacar Canadá, y mucho menos enfrentar un ataque de ellos. A eso se sumaba su miedo desmedido al salvajismo de los nativos americanos, a quienes consideraba infernales. La táctica principal de Brock y Tecumseh para el asedio de Fort Detroit era engañar al ejército estadounidense para que pensara que se enfrentaban a una gran fuerza organizada en lugar de los números insignificantes que tenían. Brock vistió inventivamente a sus tropas de la milicia con excedentes de uniformes militares británicos. Como resultado, los estadounidenses fueron engañados para creer que las tropas británicas eran todos veteranos entrenados. Sin embargo, Tecumseh no estaba interesado en hacer esta sutileza de táctica: marchó tres veces a sus guerreros alrededor del fuerte para convencer a los estadounidenses de que los nativos americanos también tenían números superiores. Después de este truco, los británicos dispararon un cañón contra Fort Detroit que mató a siete hombres, incluido el mencionado teniente Porter Hanks del desastre de Fort Mackinac. La astucia combinada de estos dos líderes funcionó perfectamente, ya que la moral de los hombres de Hull y del propio Hull quedó asolada sin posibilidad de reparación. Después del disparo del cañón, Hull inmediatamente solicitó un alto el fuego de tres días a lo que Brock respondió que, si Hull no se rendía en tres horas, nivelaría el fuerte.

La amenaza funcionó: Hull se rindió a los pocos minutos de recibir este mensaje, poniendo fin a la primera invasión canadiense de un modo vergonzoso.

En un punto aparte, el mismo día que comenzó el Asedio de Fort Detroit, también tuvo lugar otra batalla importante, que se conoce como la batalla de Fort Dearborn (también conocida como la masacre de Fort Dearborn). Una batalla corta y decisiva que solo duró unos quince minutos, a menudo se considera que el evento es más una masacre debido a la gran cantidad de soldados y civiles muertos en la batalla. La tribu Potawatomi, dirigida por el jefe Blackbird, fue la fuerza detrás de este ataque, con un número de entre 400 y 500 hombres. Los estadounidenses en Fort Dearborn, un fuerte que está cerca de la actual Chicago, Illinois, solo contaban con 66; también había 27 civiles presentes. La disputa parecía haber surgido debido a que el Capitán William Wells no cumplió sus promesas. Le había propuesto a la tribu Potawatomi a través de delegados de Miami que les pagaría bien y dejaría excedentes de alcohol y suministros de armas para los Potawatomi a cambio de escoltar a los habitantes del fuerte hasta Fort Wayne. Pero Wells incumplió su palabra, ya que ordenó que se destruyeran las disposiciones prometidas, temiendo que los nativos americanos desperdiciasen estos artículos. Esto tensó las relaciones entre los estadounidenses y los jóvenes de Potawatomi, que estaban enojados por la decisión de Wells. Entonces, el día que la guarnición partió hacia Fort Wayne, fueron emboscados en el camino por los Potawatomi y masacrados sin piedad. Mientras que quince Potawatomi murieron, 38 soldados y 14 civiles fueron asesinados; el resto de las personas que se dirigían a Fort Wayne fueron capturados. Este desafortunado incidente convenció a muchos políticos estadounidenses y altos mandos militares a centrarse fanáticamente en la política de expulsión de los nativos americanos que se convirtió en un gran problema durante todo el siglo XIX.

El 21 de septiembre de 1812, tuvo lugar una breve escaramuza en el puesto británico de Gananoque, que estaba ubicado cerca del río San Lorenzo. Más una incursión que un ataque a gran escala, la milicia de Nueva York buscaba reabastecer sus reservas de municiones después de no poder adquirirlas adecuadamente después del ataque en el puerto de Sacket. Esta escaramuza terminó en una nota positiva para el ejército estadounidense, ya que logró cumplir sus objetivos con éxito. La milicia de Nueva York, dirigida por el capitán Benjamin Forsyth, sorprendió a la milicia británica y la subyugó rápidamente. Los británicos sufrieron ocho muertes, con ocho más tomados como prisioneros, incluida la esposa de Joel Stone, el fundador y comandante de Gananoque. Si bien la redada resultó ser un éxito para los estadounidenses, las defensas canadienses se fortalecieron después del ataque.

A pesar de que la primera invasión de Canadá terminó en un desastre total, el ejército estadounidense se recuperó con una capacidad de recuperación maravillosa. La segunda invasión de Canadá comenzó en octubre del mismo año, 1812, después de que las tropas estadounidenses se reunieran en Lewiston. Lewiston estaba situado justo enfrente de la ciudad canadiense llamada Queenston, que pronto se convertiría en la primera escena de conflicto en esta segunda ola de ataques. Esta vez, las fuerzas estadounidenses fueron dirigidas por Stephen Van Rensselaer, pero en cierto modo, su mando fue peor que el del general de brigada William Hull. Aunque Van Rensselaer era un administrador y político capaz, no tenía experiencia militar. Por otro lado, los británicos tenían a su héroe Isaac Brock, quien había evitado con éxito la primera invasión estadounidense. Tan pronto como Brock se enteró de que las fuerzas estadounidenses se reunían en Lewistown, inmediatamente zarpó hacia Queenston.

La batalla de Queenston Heights fue esencialmente la batalla por el Alto Canadá. Brock sabía muy bien que, si los estadounidenses atravesaban Queenston, sería tan bueno como conquistar todo el Alto

Canadá, ya que Brock había concentrado la mayoría de las defensas británicas en el Bajo Canadá. El 13 de octubre de 1812, las tropas estadounidenses se movilizaron desde Lewistown y comenzaron a cruzar el río Niágara para la segunda invasión de Canadá. Los estadounidenses tenían un número total de 3.550 soldados, y la mayor parte de este número eran milicianos. Rensselaer decidió emplear sus fuerzas de una manera bastante directa al agrupar a sus hombres. Los británicos, por otro lado, solo habían logrado reunir 1.300 soldados, que incluían a regulares, milicianos locales y nativos americanos. Esta batalla podría haber sido una victoria fácil para los estadounidenses, excepto por un hecho: el ejército estadounidense tenía que cruzar primero el río Niágara. En lugar de cruzar el río en grandes botes, utilizaron trece botes más pequeños para transferir a las tropas por turnos. Esto terminó siendo su ruina en la batalla de Queenston Heights. Después de que la primera ola de tropas estadounidenses desembarcase, tomaron el acantilado conocido como Queenston Heights, obteniendo la ventaja táctica de un terreno más alto. Las fuerzas británicas fueron inmovilizadas, y en una carga desesperada por romper las líneas enemigas, el mayor general Isaac Brock perdió la vida. Después de que lo derribaran, la lucha se volvió más feroz, ya que los guerreros de Tecumseh, que habían estado sospechosamente callados durante todo el asunto, hicieron su aparición. Los nativos americanos eran extremadamente buenos en la guerra de guerrillas, lo que significó un desastre para la milicia estadounidense.

Mientras los británicos mantenían a los estadounidenses ocupados en la primera línea, los guerreros nativos americanos flanquearon sigilosamente a los británicos y se abrieron paso por Queenston Heights. Su estilo de guerra pasaba por utilizar elementos naturales como cobertura para alcanzar al enemigo. Una vez que se acercaron, los nativos americanos tendieron una emboscada al ejército estadounidense por detrás, sofocándolos en un corto período de tiempo. El sonido de los hombres moribundos en el lado canadiense del río, junto con los salvajes gritos de guerra de los nativos americanos, aplastó el espíritu de las fuerzas estadounidenses que aún no habían cruzado el río. Se detuvieron el tiempo suficiente para que el mayor general británico Roger Sheaffe llegara y tomara el control de la situación. Una vez que los estadounidenses lanzaron su segundo asalto, las fuerzas británicas bajo Sheaffe respondieron. Después de este contraataque, el general de brigada William Wadsworth, que lideraba las tropas estadounidenses en Queenston Heights, se rindió a las fuerzas canadienses con 500 de sus hombres. Este fue el final de la segunda invasión estadounidense de Canadá. Aunque la segunda invasión se aplazó, los estadounidenses harían un intento más de invadir Canadá. Después de la batalla de Queenston Heights, Stephen Van Rensselaer renunció inmediatamente a su cargo, solo para ser sucedido por el general de brigada Alexander Smyth, quien condujo la campaña en una dirección peor.

Después del fracaso de su predecesor, Smyth decidió hacer reparaciones al mes siguiente en la batalla de Frenchman's Creek. Por cierto, la batalla de Wild Cat Creek también tuvo lugar el mismo día (una batalla que se tratará en un capítulo posterior). El 22 de noviembre de 1812, Smyth realizó otro intento de cruzar a Canadá cruzando el río Niágara desde Frenchman's Creek. Al igual que la batalla de Queenston Heights, el objetivo de esta batalla era establecer un punto de partida para las tropas estadounidenses en la próxima invasión canadiense. Aprendiendo del error de Van Rensselaer en Queenston Heights, Smyth decidió dividir su fuerza en tres cuerpos. Una pequeña compañía de 220 y 200 hombres liderados por el Capitán William King y el Teniente Coronel Charles Boerstler, respectivamente, cruzaría el Niágara de antemano y presionaría las defensas británicas desde dos lados, mientras que el propio Smyth lideraría el cuerpo principal desde el centro una vez que el enemigo estaba ocupado. Las dos fuerzas casi coincidían con las tropas británicas, ya que sumaban alrededor de 650 y las tropas estadounidenses sumaban alrededor de 770.

En lápiz y papel, esto suena como un plan muy sólido, pero circunstancias inesperadas pueden descarrilar los esquemas mejor establecidos. En primer lugar, la falta de coordinación en el destacamento de King llevó a que solo una pequeña porción de las tropas desembarcara en la Casa Roja, que era su objetivo. A pesar de haber logrado cumplir sus objetivos de deshabilitar los cañones y la artillería británicos, finalmente no logró causar un impacto real en la batalla. King dividió su destacamento en dos fuerzas más pequeñas, dando el mando de la otra fuerza al teniente Samuel Angus, quien no pudo coordinarse con él adecuadamente. El ataque del teniente coronel Boerstler también tuvo el mismo destino debido a la falta de coordinación, pero logró retirarse con éxito, mientras que King no lo consiguió. Como resultado, los planes de Smyth para bloquear a las fuerzas británicas terminaron en humo. Las fuerzas británicas, por otro lado, se coordinaron adecuadamente y mantuvieron sus posiciones con gran tenacidad y, finalmente, se les unieron refuerzos, reforzando su número. Cuando amaneció al día siguiente, King, que estaba atrapado en el lado canadiense del Niágara, se vio obligado a rendirse. Sin embargo, Smyth había recibido noticias de que King había tenido éxito en su misión, pero no lo que había sucedido después. Como resultado, Smyth ordenó que sus fuerzas, dirigidas por el coronel William Winder, aterrizaran en Frenchman's Creek.

Una vez allí, encontraron al teniente coronel Cecil Bisshopp y a 300 clientes regulares británicos esperándolos con sus armas listas. Al encontrarse en una posición precaria, los estadounidenses se retiraron inmediatamente. Smyth intentó tomar Frenchman's Creek por segunda vez el 31 de noviembre de 1812, pero ese ataque también terminó en fracaso. Después de esta desastrosa actuación, Smyth se despidió para visitar a su familia en Virginia y no se supo de él hasta después de la guerra, que fue cuando comenzó a practica la abogacía.

Aunque las fuerzas británicas-canadienses-indígenas estadounidenses se desempeñaban admirablemente en las batallas contra los estadounidenses, la muerte de Isaac Brock había sido un duro golpe para las fuerzas británico-canadienses. Tanto es así, que después de su muerte, la efectividad de las fuerzas canadienses se redujo casi a la mitad. En comparación con el éxito de su predecesor, George Prévost se quedó sorprendentemente corto. Entonces, en cierto modo, fue una suerte para las fuerzas canadienses que la tercera invasión estadounidense de Canadá nunca llegara a estallar. El mayor general Henry Dearborn, también llamado burlonamente "Granny Dearborn", fue el hombre que lideraría la tercera invasión estadounidense de Canadá. Viejo, lento y muy conservador, Dearborn no tenía ni la energía ni la moral necesarias para liderar tal expedición. Las dos primeras invasiones ya habían terminado en un fracaso total, pero Dearborn contaba con el apoyo de algunos de los mejores estrategas del ejército de los EE. UU. También logró permanecer en la lucha por más tiempo e incluso logró sobrevivir al final de la guerra sin dañar su reputación. Si bien su desempeño en la guerra fue pobre, las derrotas de Hull y Van Rensselaer también lo dejaron sin ningún medio para enfrentarse adecuadamente a las fuerzas británicas, ya que no tenía tiempo para reclutar tropas de Nueva Inglaterra, que se convirtió en el único estado que financió ni aportó tropas en la guerra de 1812. Mientras Hull estaba atrincherado en Detroit, Dearborn planeaba atacar a Montreal, Kingston, Fort Niagara y Amherstburg simultáneamente. Sus planes fracasaron por dos razones: falta de tropas y la lenta velocidad de sus tropas. Sus únicos éxitos militares en la guerra de 1812 fueron la batalla de York y el Asedio de Fort George, que ocurrieron en 1813. En julio de 1813, el mayor general Dearborn fue destituido del servicio de primera línea y sirvió el resto de la guerra en una capacidad administrativa.

El 27 de abril de 1813, la guerra terrestre a gran escala comenzó una vez más con la batalla de York, señalando la tercera invasión de Canadá bajo Henry Dearborn. York, que ahora es Toronto, fue el escenario de esta victoria estadounidense. A diferencia de las iniciativas militares estadounidenses anteriores, esta campaña fue bien planificada y bien pensada. El ejército de los Estados Unidos no solo usó tropas terrestres para esta batalla, también utilizaron con éxito sus fuerzas navales. El comodoro Isaac Chauncey dirigió las fuerzas navales estadounidenses en esta batalla, mientras que la infantería fue dirigida por el general de brigada Zebulon Pike, cuyas fuerzas eran en su mayoría regulares regulares entrenados del ejército de los EE. UU. Por otro lado, los británicos estaban lamentablemente poco preparados y superados en número en esta batalla. El mayor general Roger Sheaffe, que había supervisado previamente la victoria en la batalla de Queenston Heights, estaba a cargo de York cuando ocurrió el ataque estadounidense. Había ido allí con fines administrativos, y el comando se le impuso repentinamente, lo que resultó en una pobre defensa. La ciudad también contaba con pocos suministros, lo que ya de por sí suponía un gran problema, cuando los estadounidenses atacaron con toda su fuerza. La fuerza estadounidense tenía 1.700 soldados y 14 buques de guerra con ellos, mientras que la fuerza británica se situó en 600, la mitad de ellos milicianos. También había entre cuarenta y cincuenta Ojibway presentes en el lado británico. Los defensores hicieron todo lo posible para enfrentarse al enemigo, pero el constante bombardeo de artillería de los cañoneros estadounidenses descarriló sus planes, obligándolos a retroceder. Las fuerzas británicas hicieron su última resistencia en el frente occidental de York antes de rendirse. Las fuerzas británicas-canadienses-nativas americanas tuvieron 82 muertes de su lado, mientras que los estadounidenses tuvieron 55, incluido el general de brigada Zebulon Pike. A pesar de recibir órdenes estrictas de no destruir la propiedad civil, los soldados estadounidenses comenzaron a saquear y quemar la ciudad el 28 de abril. Los comandantes estaban tan horrorizados por las acciones de sus hombres que abandonaron el área lo antes posible. Debido a la rendición británica, la ciudad no fue completamente destruida y sería asediada por fuerzas estadounidenses en dos ocasiones en los meses de julio y agosto del mismo año. Aunque esta batalla fue una victoria táctica para los estadounidenses, no era tan importante como Kingston, que era donde se encontraban los buques británicos. El plan original era atacar Kingston y luego York, pero el plan había cambiado desde que el mayor general Dearborn había escuchado falsamente que había demasiados soldados desplegados en Kingston.

Un mes después, el 27 de mayo de 1813, el ejército de los Estados Unidos obtuvo otra victoria con la batalla de Fort George. Esta fue la primera gran ofensiva en Canadá en seis meses después de que la segunda invasión de Canadá se detuviera en la batalla de Queenston Heights. Además, esta fue la última ola de la invasión estadounidense de Canadá. Al igual que en la batalla de York, las fuerzas estadounidenses en la batalla de Fort George fueron una combinación de tropas terrestres y navales. También tenían números abrumadores: 4.000 soldados de infantería, 12 botes de cañones y un bergantín de guerra. Enfrentando esas probabilidades abrumadoras había solo 1.000 infantería británica, 300 milicias y 50 nativos americanos, con algunas piezas de artillería. El general de brigada John Vincent, que estaba a cargo de las tropas británicas en la península de Niágara en ese momento, no sabía qué hacer: las tropas que tenía no eran suficientes para establecer una defensa adecuada para el fuerte, ya que no se sabía de qué lado atacarían los estadounidenses. Teniendo en cuenta la estrategia estadounidense de la batalla de York, Vincent asumió que habría un ataque doble y dividió sus fuerzas en posiciones defensivas. Pero a pesar de la precisión de su suposición, sus fuerzas simplemente se vieron abrumadas por los números superiores de Estados Unidos y el constante bombardeo de la Armada estadounidense. La batalla comenzó el 25 de mayo, y la primera ola de infantería estadounidense que aterrizó en Fort George fue derrotada en cuestión de minutos y casi le costó la vida a su comandante, el coronel Winfield Scott. Pero el aluvión constante de artillería estadounidense hizo retroceder gradualmente a las fuerzas británicas, lo que permitió que los desembarcos posteriores de la infantería estadounidense tuvieran éxito. Scott persiguió a las fuerzas en retirada de Vincent, pero se le ordenó detenerse porque el mayor general Morgan Lewis, su oficial superior, sintió que Vincent los estaba llevando a una trampa. A pesar de la magnitud de la batalla, las bajas en ambos lados no fueron tan horribles como lo habían sido muchas de las batallas anteriores del norte. El ejército estadounidense registró un recuento total de muertes de 41, mientras que las muertes británicas se estiman entre 60 y poco más de 100. Después de la caída de Fort George, todo el Alto Canadá estuvo bajo control estadounidense durante unos meses. Esta victoria también marcó el surgimiento de Oliver Hazard Perry, el héroe de la batalla del Lago Erie que ocurrió el mismo año (se habla de esta batalla con más detalle en el capítulo sobre batallas navales).

Las fuerzas británico-canadienses no aceptaron esta derrota y regresaron en la batalla de Stoney Creek, pero a pesar de su victoria, los estadounidenses mantuvieron el control de Fort George hasta el final del año. El 6 de junio de 1813, una fuerza británico-canadiense de 700 hombres liderados por el general de brigada John Vincent y el teniente coronel John Harvey emboscaron el campamento estadounidense en Stoney Creek por la noche. La expedición originalmente estaba destinada a ser una misión de exploración, pero Harvey no pudo resistir la tentación de atacar a las fuerzas estadounidenses cuando estaban completamente desprevenidos. Harvey había obtenido la contraseña para cruzar las líneas americanas (aunque no está claro cómo la consiguió), y utilizando esta ventaja, dirigió sigilosamente su gran fuerza cerca del campamento estadounidense sin enfrentar ningún desafío. Una vez que el ejército británico se había cerrado, perdieron repentinamente el elemento sorpresa cuando unos pocos milicianos demasiado ansiosos comenzaron a animar a sus fuerzas. Los estadounidenses desconfiaron de tal ataque desde la batalla de Frenchtown y rápidamente respondieron. Pero en su apuro, dejaron su unidad de artillería expuesta, que los soldados británicos derribaron rápidamente. Una vez que su artillería cayó, los soldados estadounidenses fueron arrojados al caos completo y no pudieron reagruparse. Otra razón por la cual el ejército estadounidense estaba en completo desorden fue que, en un giro irónico de los acontecimientos, los comandantes estadounidenses terminaron caminando hacia las líneas británicas y fueron capturados. Después de esta batalla, los movimientos de las tropas estadounidenses se restringieron a Fort George y a las fronteras del río Niágara.

En respuesta a este ataque en Stoney Creek, el ejército estadounidense dirigió una expedición desde Fort George a Beaver Dams el 24 de junio de 1813 para recuperar el control en el Alto Canadá. La expedición terminó en fracaso cuando las fuerzas americanas fueron emboscadas por guerreros nativos americanos durante su marcha hacia las represas Beaver. La fuerza estadounidense era bastante grande, con 600 soldados de infantería regulares, mientras que Kahnawake tenía 300 guerreros que participaban en esta escaramuza. También había 100 guerreros Mohawk y cincuenta regulares británicos, pero los Kahnawake constituían la mayor parte de la fuerza. El teniente británico James FitzGibbon estaba a cargo del puesto de Beaver Dams y luego se unió a las fuerzas de los nativos americanos para derrotar a la fuerza estadounidense en la batalla de Beaver Dams. La emboscada inicial de los nativos americanos desmoralizó mucho a las tropas estadounidenses, ya que su comandante, el coronel Charles Boerstler, resultó herido en ella. Afortunadamente, el teniente FitzGibbon llegó a tiempo para ofrecer una tregua, que los estadounidenses aceptaron. Al hacer esto, el teniente FitzGibbon probablemente evitó otra gran masacre de nativos americanos en la guerra de 1812.

La siguiente batalla que tuvo lugar en suelo canadiense en la guerra de 1812 fue la batalla de la Granja de Crysler, el 11 de noviembre de 1813. Esta batalla fue un importante punto de inflexión para los canadienses, ya que puso fin a la racha de victoria estadounidense tras las victorias consecutivas en York, Fort George y el lago Erie. Otra razón por la que esta batalla es tan importante es que esta fue la mayor asamblea de fuerzas estadounidenses en la guerra de 1812, y sin embargo fueron derrotados por un ejército una fracción de su tamaño. Mientras que los británicos contaban con 900 regulares y milicias, los estadounidenses tenían cerca de 8.000 soldados regulares. Sin embargo, a pesar de esta abrumadora disparidad, las fuerzas estadounidenses sufrieron más bajas y daños que los británicos. El ejército estadounidense fue liderado por el mayor general James Wilkinson, el general de brigada John Parker Boyd y el general de brigada Leonard Covington. Por otro lado, los británicos tenían al teniente coronel Joseph W. Morrison y al comandante William Mulcaster. El objetivo de los estadounidenses era la ciudad canadiense de Montreal, que ayudaría a eliminar en gran medida la influencia británica.

Antes de que la batalla tuviera lugar, es importante tener en cuenta los acontecimientos que la precipitaron. El 17 de octubre de 1813, el mayor general James Wilkinson zarpó de Sacket's Harbour, Nueva York, con sus 8.000 tropas. El ritmo de los barcos estadounidenses era muy lento, y les tomó 21 días llegar a su destino del río San Lorenzo antes de que Wilkinson finalmente celebrase un consejo de guerra el 9 de noviembre. Las fuerzas británicas en Canadá habían recibido informes del movimiento de Wilkinson y se habían preparado para un ataque contra Kingston, su principal base de operaciones. La suposición se basó en el hecho de que el objetivo militar estadounidense principal en Canadá era capturar Kingston, un objetivo que había estado vigente desde el comienzo de la guerra de 1812 (de hecho, Kingston iba a ser el objetivo original también en esta ocasión, pero el comodoro Isaac Chauncey no quería arriesgar a sus hombres en una batalla campal contra la base bien fortificada de Kingston). Cuando los británicos se dieron cuenta de que los estadounidenses estaban haciendo un movimiento hacia Montreal en lugar de Kingston, no tenían tiempo suficiente para reunir una gran fuerza. Bajo órdenes urgentes del gobernador general George Prévost, el teniente coronel Joseph Morrison lideró la carga británica para interrumpir la invasión estadounidense con una exigua fuerza de 650 hombres. Evadiendo cuidadosamente los barcos estadounidenses liderados por el general de brigada Boyd, que habían llegado para ayudar a las tropas de Wilkinson, las fuerzas británico-canadienses aterrizaron con éxito en Prescott el 9 de noviembre, y se dirigieron a las afueras de Crysler's Farm el 10 de noviembre, el día antes de la batalla.

Las fuerzas británico-canadienses lideraron su ataque contra el ejército estadounidense en las primeras horas del 11 de noviembre de 1813. El clima era malo, ya que hacía frío y llovía, pero las tropas del teniente coronel británico Morrison desafiaron el asalto, atacando al ejército estadounidense desde dos puntos cerca de Cook's Point, un lugar cerca del campamento estadounidense donde atracaron sus barcos. Inicialmente, los estadounidenses lideraron un exitoso contraataque bajo el mando del coronel Eleazer Wheelock Ripley, quien empujó a las fuerzas británicas una milla en sus propias líneas. Pero las fuerzas estadounidenses cometieron el error de descansar y esperar que llegaran los refuerzos antes de avanzar. Cuando comenzaron a moverse nuevamente, fueron asaltados por todos lados por los regulares británicos, quienes los obligaron a retroceder. Esto permitió a los británicos volver a tomar el control del campo de batalla y continuar con su ofensiva. El ataque fue altamente efectivo, y en un par de horas, el ejército estadounidense se vio obligado a retirarse debido a la falta de municiones. Las fuerzas británicas sufrieron grandes pérdidas mientras avanzaban hacia la posición estadounidense, que el general de brigada Boyd, que estaba al mando de la batalla, no pudo aprovechar. Los estadounidenses se retiraron a sus botes y abandonaron la región después de sufrir muchos daños: 102 murieron, 120 fueron tomados como prisioneros y otros 237 resultaron heridos en el corto espacio de pocas horas. Los británicos, por otro lado, tuvieron 31 muertos y 148 heridos. A pesar de que los estadounidenses habían traído consigo una fuerza abrumadora, como en sus victorias anteriores en Canadá, lo que no pudieron hacer fue desplegarlos a todos: se estima que solo una cuarta parte de los 8.000

soldados que habían desembarcado lucharon en la batalla de La granja de Crysler.

La batalla de la Granja de Crysler pareció cambiar las tornas de la fortuna para los estadounidenses, ya que sufrieron otra gran derrota en la Captura de Fort Niagara, que tuvo lugar en suelo estadounidense el 19 de diciembre. La gran cantidad de tropas desplegadas en la invasión de Montreal había dejado a la mayoría de las principales posiciones estratégicas estadounidenses con defensas expuestas. No quedaban muchas tropas después de ese ataque para defender estas posiciones militares, que el Teniente General Gordon Drummond aprovechó al máximo. A pesar de ganar la batalla de la granja de Crysler, los británicos, especialmente el mayor general Francis de Rottenburg, el vicegobernador británico del Alto Canadá, estaban convencidos de que los estadounidenses continuarían con su expedición hacia Montreal, y de Rottenburg ordenó que todas las tropas disponibles se retiraran a Burlington Heights, que estaba ubicado cerca de Toronto. Sin embargo, antes de que De Rottenburg pudiera continuar sus planes, fue reemplazado por el teniente general Drummond. Drummond sabía que los estadounidenses habían sido derrotados en sus planes de tomar Montreal, por lo que, en lugar de retirarse de acuerdo con las órdenes de su predecesor, decidió mudarse a Fort George. El movimiento fue perfectamente cronometrado, ya que los estadounidenses se habían retirado rápidamente de Fort George a Fort Niagara, ya que no tenían las tropas para mantener ambas posiciones a la vez. Mientras se retiraban, los estadounidenses también incendiaron la ciudad de Newark, adyacente a Fort George, para frenar las fuerzas británicas. Normalmente, esto no habría sido un problema, ya que a los civiles generalmente se les daba tiempo y compensación por el daño a su propiedad si una ciudad o asentamiento fuera destruido con fines estratégicos. Pero los estadounidenses quemaron Newark en cuestión de dos horas, dejando a los ocupantes indefensos y sin ayuda en el duro invierno. La indignación de esta acción sería utilizada por los británicos para justificar acciones similares a su fin en futuros eventos de la guerra de 1812.

Después de hacerse cargo de Fort George, el general Drummond envió una pequeña expedición militar compuesta por 562 hombres bajo el mando del coronel John Murray para capturar Fort Niagara. La fuerza británica nuevamente aprovechó el subterfugio y lentamente se dirigió hacia Fort Niagara. Capturaron el puesto de Youngstown en su camino y tomaron algunos prisioneros. Uno de los prisioneros le dio al coronel británico la contraseña de los puntos de control estadounidenses, lo que les dio una ventaja abrumadora una vez más. Un par de soldados y oficiales de artillería británicos marcharon hacia la entrada de Fort Niagara y confundieron a los guardias en el puesto de control el tiempo suficiente para permitir que el resto de sus fuerzas entraran al fuerte. A partir de ahí, los británicos tomaron el fuerte con bastante facilidad, encontrando poca resistencia a excepción del reducto sur del fuerte donde algunos de los defensores se habían encerrado. Después de negarse a entregarse, a pesar de las advertencias de los británicos, las tropas británicas irrumpieron en el edificio y mataron a todos los hombres. Los británicos mantuvieron el control de la fortaleza hasta el final de la guerra de 1812. Esto también marcó el final de todas las principales batallas terrestres en 1813.

Después de la derrota en Crysler's Farm, las fuerzas estadounidenses bajo el mando del mayor general Wilkinson se refugiaron en French Mills, Nueva York, que se encontraba al otro lado de la frontera canadiense. Aunque los británicos temían que Wilkinson liderase un contraataque, no tenían nada que temer. Los hombres del lado estadounidense estaban enfermos, los suministros eran bajos y el clima era realmente malo. La enfermedad entre los hombres se extendió hasta tal punto que el secretario de guerra John Armstrong ordenó a Wilkinson que dividiera a sus tropas y las trasladara a Burlington, Vermont, antes de hacer cualquier otro movimiento. Después de cumplir estas instrucciones, Wilkinson comenzó a planear algunas ofensivas contra los británicos para recuperar su reputación, pero la mayoría de ellos eran planes inviables. Finalmente, decidió atacar Lacolle Mill, ubicado a orillas del río Lacolle.

Liderando 4.000 tropas, Wilkinson primero decidió ocupar Odelltown, lo que no pudo hacer debido a la espesa nieve que obstaculizaba los movimientos de tropas. A pesar de estas dificultades, Wilkinson decidió lanzar su ataque contra Lacolle Mill en la mañana del 30 de marzo de 1814, y ordenó a sus unidades de artillería que dispararan sus cañones contra la posición británica. Los británicos, que solo tenían 500 hombres, dispararon con cohetes Congreve, que eran totalmente nuevos para el ejército estadounidense y los asustaron. Estos cohetes eran altamente inexactos, pero tenían una gran área de impacto, lo que compensaba su inexactitud. Con estas nuevas piezas de artillería, las fuerzas defensoras causaron bajas significativas en el lado estadounidense sin mayores daños a su lado. Para empeorar las cosas, las unidades de infantería ligera y granaderos que Wilkinson había reservado para un ataque sorpresa una vez que el ataque principal estaba en marcha también fallaron y fueron repelidas. Al escuchar los disparos de cañón, una compañía de Voltigeurs canadienses, que era una unidad de infantería ligera, y los Fencibles canadienses, que era una unidad de granaderos, se posicionaron para defender Lacolle Mill. En lugar de utilizar terrenos terrestres como los estadounidenses, los refuerzos canadienses atravesaron el río Lacolle, flanquearon a los estadounidenses y los atacaron por detrás, causando más caos y confusión entre las filas estadounidenses. Y para colmo de la mala suerte de Wilkinson, el comandante Daniel Pring de la Marina Real también acudió al rescate con algunos de sus botes, que comenzaron a bombardear la posición estadounidense con fuego de artillería. Los estadounidenses no tenían medios para devolver el fuego y de repente se encontraron entre la espada y la pared, a pesar de sus números abrumadores. Al final del día, Wilkinson volvió a ordenar un retiro, esta vez a Plattsburgh. Al llegar a Plattsburgh, fue relevado de sus deberes y sometido a una corte marcial, terminando su servicio en la guerra de 1812.

Desde que se hizo cargo de Fort George y Fort Niagara a fines de 1813, el teniente general Gordon Drummond mantuvo un perfil bajo en los primeros meses de 1814 hasta que planeó un ataque a Fort Oswego con el comodoro Sir James Yeo. Inicialmente, los dos hombres planearon atacar el puerto de Sacket, pero después de una cuidadosa reconsideración, decidieron atacar Fort Oswego primero, ya que era un punto de suministro estratégico para las fuerzas estadounidenses. Su objetivo era proceder al puerto de Sacket después de capturar Fort Oswego con la intención de capturar las armas que estaban en el puerto de Sacket. El 3 de mayo, Yeo partió de Kingston con 8 buques de guerra, 200 marineros, 400 marines y 550 soldados hacia Fort Oswego. Las fuerzas de Yeo llegaron a Fort Oswego a mediodía, pero tuvieron problemas para aterrizar debido al clima. El mayor estadounidense George Mitchell, de la 3ª Artillería, lideró las defensas en Fort Oswego, que tenía 242 regulares estacionados, junto con 200 milicianos. Las fragatas británicas, la *Prince Regent* y la *Princess Charlotte*, comenzaron a disparar contra el fuerte bajo el mando de Yeo, ya que sus tropas no podían aterrizar. Al final lograron aterrizar, y a pesar de estar bajo un fuerte fuego desde el fuerte, las fuerzas británicas cargaron hacia el fuerte y, después de un tiempo, obligaron a los estadounidenses a rendirse, obteniendo una victoria decisiva. Después de la batalla, las fuerzas británicas capturaron suministros significativos del fuerte, así como algunas goletas. Pero Yeo pronto descubrió que sus objetivos principales, las armas, ya estaban en camino al puerto de Sacket. Para evitar que llegasen a su destino, Yeo ordenó un bloqueo, que fue superado por los estadounidenses, permitiendo que las armas llegasen a su destino de forma segura. Al final, esta batalla resultó ser ineficaz, ya que los estadounidenses pudieron mantener el control en el lago Ontario hasta el final de la guerra de 1812.

No fue hasta mediados de la guerra de 1812 que los soldados estadounidenses finalmente se enfrentaron cara a cara con el ejército británico. Los primeros dos años estuvieron llenos de pérdidas devastadoras para los estadounidenses debido a múltiples factores, pero la razón más importante fue la falta de soldados entrenados. La batalla de Chippawa y la batalla de Lundy's Lane se libraron en el mes de julio de 1814. El 5 de julio de 1814, 3.564 soldados estadounidenses entrenados se enfrentaron a las fuerzas canadienses en Chippawa, Alto Canadá. Dirigido por el mayor general Jacob Brown, el general de brigada Winfield Scott y el general de brigada Peter Porter, esta fue una gran victoria para las tropas estadounidenses después de la constante serie de derrotas en los primeros meses de 1814. Las fuerzas británicas, que sumaban 2.000, estaban lideradas por el general Phineas Riall, que era relativamente nuevo en el campo de batalla. Riall tomó la ofensiva primero y comenzó a disparar al campamento estadounidense temprano en la mañana del 5 de julio. En un golpe de suerte, los británicos incluso lograron capturar a Winfield Scott en esta temprana emboscada mientras desayunaba. Sin inmutarse por la captura de Scott, la compañía del Capitán Nathaniel Towson comenzó a disparar sus cañones hacia la posición británica, destruyendo municiones y posiciones vitales de artillería. Los británicos estaban conmocionados; las fuerzas estadounidenses habían contraatacado en el pasado, pero solo cuando estaban en situaciones ventajosas. Esta vez, no se inmutaron ante el ataque británico y contraatacaron de manera organizada, sorprendiendo a Riall, que esperaba una fuerza de ataque compuesta por milicias no entrenadas. Las fuerzas británicas se debilitaron aún más debido a las pobres órdenes de formación de Riall, lo que obligó a las fuerzas británicas a sufrir muchas bajas. Después de casi media hora de lucha, las fuerzas británicas se retiraron, dando a los estadounidenses una victoria decisiva. Scott también fue rescatado por las fuerzas estadounidenses al final de la batalla. Después de esta batalla, los estadounidenses avanzaron a través de las líneas canadienses, obligando a los británicos a regresar a

Fort George, y finalmente se hicieron cargo de Kingston después de dos años y medio de esfuerzo.

Veinte días después de la batalla de Chippawa, tuvo lugar la batalla de Lundy's Lane. Aunque los estadounidenses obtuvieron una victoria abrumadora en la batalla de Chippawa, la batalla de Lane de Lundy terminó en un empate estratégico, a pesar del excelente desempeño de las tropas estadounidenses. Según muchos historiadores, esta fue también la batalla más sangrienta y violenta de la guerra de 1812. Ambas partes también recibieron refuerzos durante el día, lo que cambió el rumbo de la batalla. El general estadounidense Jacob Brown lanzó su ataque contra las líneas británicas con 1.000 hombres y tres armas a lo largo del río Niágara, y luego recibió 1.500 hombres adicionales y seis armas como apoyo. Las fuerzas británicas, lideradas por el teniente general Gordon Drummond, comenzaron con 1.800 hombres y cinco armas, con 1.700 hombres y tres armas adicionales que entraron como refuerzo más tarde. Después de algunas horas de intensos combates, las fuerzas británicas fueron rechazadas, pero los combates continuaron durante todo el día. Cuando llegó la noche, fueron los estadounidenses los que ahora estaban a la defensiva debido a la fuerte línea de defensa británica, que mantuvieron después de su retirada inicial. Pero un problema para los británicos se hizo evidente una vez que los estadounidenses capturaron todas sus piezas de artillería. Para cambiar la situación, el teniente general Drummond lideró dos contraataques desorganizados para romper las filas de los Estados Unidos y recuperar su artillería, que falló, pero causó muchos daños. Al caer la noche, ambos lados estaban rotos y apenas podían pararse. Al ver la condición de sus tropas, el mayor general estadounidense Brown ordenó una retirada de las fuerzas estadounidenses a Fort Erie, lo que permitió que los británicos también retrocedieran. Lo único bueno que salió de esta batalla para los canadienses fue que los británicos finalmente recuperaron el control de Kingston una vez más. Las bajas en ambos lados fueron altas. Los muertos británicos estaban en 84, mientras que los soldados estadounidenses tenían casi el doble de ese número, sumando 174 muertos. Ambas partes tenían casi un número igual de soldados heridos, 559 y 572 soldados, respectivamente.

Al mes siguiente, las fuerzas estadounidenses resultaron victoriosas en el Asedio de Fort Erie, que también fue la última ofensiva británica en el norte en la guerra de 1812. Después de la batalla de Lundy's Lane, las fuerzas estadounidenses que participaron en la batalla se retiraron a Fort Erie bajo el general de brigada Eleazer Ripley, ya que el general Jacob Brown había resultado herido en la batalla anterior. Las fuerzas británico-canadienses reunieron su mayor fuerza en la guerra de 1812, que ascendió a 4.800, dirigida por el teniente general Drummond. La velocidad inicial de las fuerzas del general Drummond fue muy lenta, lo que permitió a los estadounidenses en Fort Erie reforzar bien sus defensas. El asedio comenzó el 4 de agosto de 1814, pero el día anterior, Drummond había enviado una pequeña expedición a través del Niágara para destruir suministros y municiones estadounidenses. El ataque fue dirigido por el teniente coronel John Tucker y finalmente terminó en fracaso. Cuando Tucker y sus hombres llegaron, encontraron el puente sobre Conjocta Creek destruido y custodiado por las tropas estadounidenses, que les dispararon. Tucker y sus hombres se vieron obligados a retirarse, sufrieron once muertes y diecisiete heridos.

Al teniente general Drummond le llevó diez días prepararse para el asedio mientras los estadounidenses observaban desde el otro lado del Niágara. Tres goletas estadounidenses, el USS *Ohio*, *Porcupine* y *Somers*, trataron de interrumpir los preparativos británicos llenándolos de artillería; *Ohio* y *Somers* fueron capturados. El *Porcupine* logró escapar, pero, al hacerlo, disparó accidentalmente contra la artillería estadounidense en la costa.

El 13 de agosto, el teniente general Drummond comenzó su ataque contra Fort Erie. Los primeros dos días los pasó tratando de desgastar las defensas del fuerte con fuego de cañón, lo que terminó siendo ineficaz. En respuesta a esto, Drummond empleó una incursión nocturna en Fort Erie. El plan era simple. Dos mil hombres se dividirían en dos compañías de 1.300 y 700 hombres, lideradas por el teniente coronel Victor Fischer y el coronel Hercules Scott, respectivamente. Fischer flanquearía las defensas del sur, mientras que Scott atacaría el extremo norte. El teniente coronel William Drummond atacaría el fuerte con 360 hombres una vez que los otros asaltos estuvieran en marcha. Fischer y Scott lucharon valientemente sin resultados. Las defensas a ambos lados del fuerte eran sólidas, y ambos hombres se vieron obligados a retirarse después de intentar liderar su asalto. A William Drummond, por otro lado, le fue mucho mejor. La estrategia no salió exactamente como estaba planeado, pero involuntariamente redujo las defensas estadounidenses frente al fuerte cuando fueron llamados a responder a los ataques de Fischer y Scott. Después de dos cargos fallidos, las fuerzas de Drummond lograron capturar uno de los cañones estadounidenses dentro del fuerte, que cambió el rumbo de la batalla. El uso del cañón capturado resultó ser desastroso, ya que después de algunos disparos, el cañón explotó, matando instantáneamente entre 150 y 250 hombres. Casi la mitad del escuadrón de Drummond fue aniquilada, pero lograron obligar a los estadounidenses a retirarse.

Después de capturar el fuerte, fueron los estadounidenses quienes llevaron a cabo múltiples asaltos para recuperar el fuerte sin ningún efecto, excepto el último. Durante todo este tiempo, el teniente general Gordon Drummond tuvo un momento difícil: tuvo que custodiar las defensas del fuerte mientras carecía de suministros y medicamentos para sus hombres que se estaban enfermando. Después de múltiples intentos fallidos, el ejército estadounidense finalmente demolió el fuerte el 17 de septiembre de 1814. El general de brigada estadounidense Peter Porter dirigió el ataque con 1.600 milicianos y empleó tácticas de choque para atravesar las defensas enemigas, tomando rápidamente la línea de defensa británica.

Después de esta derrota, Gordon Drummond se retiró a Fort George con las 2.000 tropas restantes que tenía el 21 de septiembre.

Entre el asedio de Fort Erie y su destrucción, tuvo lugar otra batalla monumental llamada la batalla de Bladensburg, que se encuentra a menos de nueve millas de Washington, DC También conocida como "la mayor desgracia contra armas estadounidenses", esta batalla fue agraciada con la presencia del propio presidente James Madison, así como de soldados afroamericanos. Después de que Napoleón abdicara de su trono, el presidente Madison y su gabinete se preocuparon de que los británicos finalmente tomaran en serio la guerra en Estados Unidos. El gabinete de los Estados Unidos sabía que hasta ahora la única razón por la que los estadounidenses tenían una oportunidad de pelear era porque Gran Bretaña estaba ocupada con las guerras napoleónicas. Después de mucha discusión entre el presidente Madison y el secretario de guerra John Armstrong, asumieron que los británicos estarían más interesados en atacar Baltimore que Washington DC, la capital de Estados Unidos. Pero se demostró que su suposición era errónea cuando los británicos atacaron tanto Baltimore como Washington DC, incendiando esta última.

La batalla de Bladensburg se extendió sobre una gran área geográfica, que fue el primer error que cometieron los estadounidenses: aunque eran numéricamente superiores a los británicos, estaban demasiado esparcidos por la línea defensiva estadounidense. El vicealmirante Alexander Cochrane decidió usar tácticas de distracción para rechazar los planes defensivos estadounidenses. La artimaña funcionó con éxito, y el general Robert Ross aterrizó con éxito en Bladensburg con tropas y apoyo de artillería. El coronel William Thornton dirigió la ofensiva británica para tomar la orilla sur del río Anacostia. Las tropas estadounidenses enviadas para proteger la ubicación contraatacaron valientemente, pero finalmente, las fuerzas de Thornton se hicieron cargo de la orilla sur, así como del puente que llevaría a las tropas británicas al otro lado del río a Lowndes Hill. El hombre que tenía las defensas estadounidenses era el general de brigada Tobias Stansbury, y al final de la batalla, había demostrado ser un comandante incompetente.

Después de cruzar el puente hacia Lowndes Hill, las tropas de Thornton emprendieron un acercamiento lento y constante, dispersando a las tropas estadounidenses frente a ellos con cohetes Congreve, que habían utilizado con éxito antes. En este punto, se ordenó a las tropas estadounidenses que retrocedieran, pero la confusión entre las filas provocó que muchas tropas se retiraran y se formaran nuevamente, permitiendo que las fuerzas británicas los abrumaran fácilmente. Eso no significa que los británicos lo tuvieran fácil; el comodoro Joshua Barney, quien estaba a cargo de la artillería estadounidense, causó un gran daño a las tropas británicas que avanzaban. Muchos historiadores argumentan que a los estadounidenses les habría ido mejor si Fort Erie aún estuviera intacto, pero como se perdió, un retiro era la única opción para los estadounidenses. El presidente Madison y su gabinete también evitaron por poco ser capturados y huyeron de Washington DC., junto con los otros soldados y civiles, a Brookeville.

Esa misma noche, las fuerzas británicas ingresaron a la capital de los EE. UU., lo que condujo al evento histórico conocido como la «quema de Washington». Hasta ahora, este es el único caso de tropas extranjeras que invaden la capital estadounidense desde la Revolución americana. Quizás recordando la destrucción que los estadounidenses causaron en la incursión de Port Dover, los zapadores y mineros del Cuerpo de Ingenieros Reales comenzaron a incendiar sistemáticamente las principales estructuras gubernamentales y civiles. El Capitolio de los Estados Unidos fue el primero en ser incendiado, seguido por la Casa Blanca y otros establecimientos importantes. Los soldados británicos capturaron todos los suministros en el Navy Yard y también los quemaron. La forma en que se prendieron los incendios habría llevado días, pero afortunadamente para los estadounidenses, una terrible tormenta pasó sobre la capital al día siguiente, apagando el fuego y destruyendo severamente muchos de los barcos británicos.

Desde Washington, los británicos se mudaron a la cercana ciudad de Alejandría. La incursión en Alejandría, que duró del 29 de agosto al 2 de septiembre, probablemente habría tenido el mismo destino que Washington si el alcalde de la ciudad no tuviera el buen juicio de rendirse, salvando la ciudad. Después del incendio de Washington, los civiles y los funcionarios del gobierno comenzaron a regresar lentamente a la capital hecha cenizas. El 19 de septiembre, el Congreso de los Estados Unidos se reunió nuevamente en el Blodgett's Hotel, un edificio que albergaba la Oficina de Patentes de los Estados Unidos y uno de los pocos edificios sobrevivientes que era lo suficientemente grande como para albergar a todos los miembros. Después de que terminó la guerra de 1812, hubo una indignación general entre los intelectuales estadounidenses de que la quema de edificios públicos se había hecho por puro rencor y no era más que vandalismo. Los periódicos británicos respondieron, citando el mismo tipo de daño hecho a York, Port Dover y otros asentamientos canadienses por soldados estadounidenses cuando salieron victoriosos.

Capítulo Cinco: La Guerra de 1812- La Conquista del Oeste

La invasión de Canadá fue solo una parte de la guerra de 1812. Los estadounidenses también luchaban con uñas y dientes con los nativos americanos en los territorios recién adquiridos de Indiana e Illinois. A diferencia de las amargas derrotas en la invasión canadiense, los estadounidenses obtuvieron muchas victorias en Occidente desde el principio, gracias al comando brutal, pero efectivo, de William Henry Harrison, un hombre que se convertiría en el futuro presidente de los Estados Unidos. A diferencia de sus contrapartes del norte, Harrison no perdió el tiempo al construir sus fuerzas. Cuando comenzó la guerra de 1812, Harrison ya estaba a cargo de la milicia de Kentucky, que tenía la reputación de tener los mejores francotiradores del país. Harrison no se unió a la guerra durante su primer año, ya que todavía servía como gobernador de Kentucky. Si bien no peleó, eso no significaba que se quedase sentado de brazos cruzados: Fort Meigs, que se convertiría en una posición estratégica importante en la guerra de 1812, se construyó a lo largo del río Ohio bajo su supervisión. Harrison también tenía una reputación terrible entre los nativos americanos debido a su éxito masivo en la batalla de Tippecanoe en

1811. No solo había disuelto el poder militar de la alianza de nativos americanos de Tecumseh, sino que también había roto su unidad.

Después de la muerte de Isaac Brock, el coronel Henry Procter tomó su relevo y se convirtió en el adversario de Harrison. En términos de liderazgo y experiencia, Henry Procter era la antítesis de Isaac Brock en muchos sentidos. Mientras Brock era un veterano condecorado con años de experiencia militar y administrativa, Procter no tenía experiencia en ninguno de los campos. El carácter de ambos hombres también era muy diferente: Brock era agresivo y rápido en la toma de decisiones, mientras que Procter era cuidadoso y lento. A pesar de estas diferencias, Procter terminó siendo un digno sucesor de Brock.

Aproximadamente un mes después de la rendición de Fort Detroit el 16 de agosto de 1812, tuvo lugar el Asedio de Fort Wayne, en el que Harrison estuvo parcialmente involucrado. En el asedio, que duró del 5 al 12 de septiembre, 500 guerreros Potawatomi y Miami fueron retenidos por 100 soldados estadounidenses hasta que fueron rescatados por tropas dirigidas por el propio Harrison. Harrison se movió a una velocidad increíble mientras aumentaba sus fuerzas en el camino. Cuando llegó al fuerte asediado, su ejército era de 3.000 soldados, más que suficiente para contrarrestar la amenaza de los nativos americanos. Afortunadamente, el fuerte no sufrió muchos daños, ya que los nativos americanos no poseían artillería para romper las paredes o puertas.

Los altercados sucedidos en los meses de octubre y noviembre de 1812 consistieron en gran medida en conflictos navales hasta el 22 de noviembre, que fue cuando tuvo lugar la batalla de Wild Cat Creek, que se encuentra en Indiana. En respuesta a las masacres de Pigeon Roost y Fort Dearborn, el gobierno de los Estados Unidos decidió tomar medidas militares para reprimir a los nativos americanos en el territorio de Illinois. El general Samuel Hopkins y el coronel William Russell fueron puestos a cargo de esta expedición. Pero la falta de coordinación y la falta de responsabilidad dejaron la campaña en ruinas. Al principio, el coronel Russell siguió adelante y logró destruir una aldea de Kickapoo cerca del lago Peoria. Pero cuando no pudo unirse al general Hopkins, se vio obligado a retirarse a Cahokia. Debido a la retirada de Russell, Hopkins tuvo que retirarse a Vincennes, lo que lo enfureció mucho. Al regresar a casa después de este intento fallido, Hopkins renovó sus fuerzas de arriba a abajo, lo que incluía una compañía de infantería regular para compensar la falta de experiencia de las otras tropas y exploradores. Saliendo con este nuevo ejército, Hopkins salió una vez más y marchó hasta el sitio de la batalla de Tippecanoe. Lo que Hopkins vio allí lo enfureció a él y a sus tropas. Muchas de las tumbas de los soldados estadounidenses que murieron en esa batalla fueron excavadas y profanadas, dejando atrás un rastro grotesco de cuerpos. Después de que los cuerpos fueron enterrados nuevamente con los ritos apropiados, Hopkins y sus hombres se dirigieron a la cercana ciudad de Prophetstown, que había sido parcialmente reconstruida, y la quemaron.

Después de esto, Hopkins recibió informes de sus exploradores de un pueblo de Winnebago en el cercano Wild Cat Creek. Los exploradores estadounidenses fueron emboscados al ser descubiertos por los guerreros nativos americanos locales, que huyeron de la escena y dejaron el cuerpo de un soldado llamado Dunn. A la mañana siguiente, el 22 de noviembre, se enviaron fuerzas para recuperar el cuerpo de Dunn. Al encontrar la cabeza de Dunn en una espiga, trece de los soldados enfurecidos persiguieron a un guerrero nativo americano que actuó como cebo para llevar a los hombres a otra emboscada. La emboscada causó doce bajas en menos de dos minutos, lo que provocó que el resto de los soldados estadounidenses huyeran rápidamente, y algunos murieron en la retirada. Después de esta emboscada, Hopkins se preparó para un conflicto a gran escala, pero sus planes fueron disuadidos por el duro invierno. Algunos afirman que esta batalla tiene poca importancia, pero ayuda a demostrar que el ejército de los EE. UU. quería expulsar a los nativos americanos del área, algo que casi podría considerarse un motivo oculto en la guerra de 1812.

A finales del otoño de 1812, William Henry Harrison comenzó su campaña en el oeste. Su plan era bastante simple: erradicar toda la presencia de los nativos americanos en el oeste lo más rápido posible y luego marchar para liberar Detroit. Harrison usó lo que hoy se conoce como «tácticas de tierra quemada», que es donde todo se arrasa detrás de las fuerzas en movimiento para que la tierra en sí misma no sea habitable. Al hacer esto, un ejército invasor puede evitar que los civiles o combatientes enemigos regresen a esa área. Para facilitar las cosas a su incipiente ejército, Harrison ordenó una expedición militar contra la tribu de Miami en Indiana durante sus últimos días de gobernación, lo que resultó en la batalla de Mississinewa. Dirigidos por el teniente coronel John Campbell, los 600 soldados de caballería estadounidenses atacaron las aldeas de Miami a lo largo del río Mississinewa y evitaron dañar a los jefes de Miami. La primera parte de la expedición transcurrió sin problemas, ya que las fuerzas estadounidenses capturaron tres aldeas, comenzando con la aldea del Jefe Silver Heel de Lenape, que se llevó a más de 100 cautivos de Lenape y Miami el 17 de diciembre. Después de no poder continuar debido al mal tiempo, Campbell consideró que la campaña fue un éxito, y las tropas estadounidenses regresaron. Sin embargo, cuando llegaron a la aldea de Silver Heel una vez más a la mañana siguiente, las fuerzas americanas fueron emboscadas por guerreros nativos americanos, que sumaban alrededor de 300. Las fuerzas de Campbell estaban preparadas. Esto resultó en una victoria fácil para los estadounidenses, quienes mataron a 30 nativos americanos y tomaron 42 más como prisioneros. Después de esta batalla, Campbell y sus fuerzas regresaron rápidamente a Fort Greenville con los prisioneros. Aunque Harrison promocionó esto como una victoria, considerada de manera estratégica, fue una pérdida. Al final, Campbell falló en el objetivo previsto de Harrison, que era cortar los suministros de los nativos americanos para matarlos de hambre durante el invierno.

A medida que avanzaba 1813, los estadounidenses cosecharon más y más derrotas hasta su primera victoria en el lago Erie en septiembre (como se trataba de una batalla naval, se tratará en el siguiente capítulo). No era que Estados Unidos no ganara ninguna pelea; las ganaban, pero el impacto de esas victorias era mínimo. El principal problema con las iniciativas de guerra estadounidenses en 1813 fue el mismo que el del año anterior: liderazgo incompetente. Una victoria aleatoria aquí y allá no significaba mucho cuando los comandantes del ejército eran incompetentes. Aparte de William Henry Harrison y Andrew Jackson, era difícil encontrar comandantes sólidos en este teatro de la guerra. Después de un breve respiro durante un mes, una de las batallas más importantes de la guerra de 1812 tuvo lugar el 18 de enero de 1813. La batalla de Frenchtown, también conocida como la batalla del río Raisin, tuvo lugar en Frenchtown, territorio de Michigan. Esta batalla a menudo se conoce como la Masacre del río Raisin en los libros de historia.

Recuperar Fort Detroit, que habían perdido el año anterior, era vital para el ejército estadounidense en la guerra de 1812. Como parte de la estrategia para recuperar Fort Detroit, los estadounidenses atacaron Frenchtown, un pequeño asentamiento ubicado a 35 millas de Fort Detroit. Las fuerzas británico-canadienses habían capturado este lugar el año anterior, y Harrison ahora lo convirtió en su trampolín en su camino hacia la recuperación de Fort Detroit. La batalla de Frenchtown fue, a todas luces, una guerra a gran escala. Hubo dos partes en la batalla, y el número de fuerzas en la segunda parte de la batalla fue bastante grande: el ejército estadounidense ascendía a alrededor de 1.000, mientras que las fuerzas británicas-canadienses-nativas americanas consistían en 800 guerreros de Tecumseh y alrededor de 600 soldados regulares británicos (debe tenerse en cuenta que mientras Tecumseh estaba en el área, no participó en esta batalla).

Como hemos mencionado, hubo dos escaramuzas que tuvieron lugar durante un período de cinco días, a partir del 18 de enero. El general de brigada estadounidense James Winchester recibió la orden de William Henry Harrison de mantenerse a una distancia segura de la columna principal dirigida por Harrison y seguir con una columna de 1.000 tropas que actuarían como respaldo para las tropas de primera línea. En lugar de seguir las órdenes de Harrison, Winchester decidió invadir Frenchtown por su cuenta, arrojando los planes de Harrison por los suelos. Dirigidos por el teniente coronel William Lewis, unos 700 hombres bajo el mando de Winchester sorprendieron al pequeño regimiento británico y a los 200 Potawatomi que estaban guarnecidos en el asentamiento. La pelea fue larga y prolongada, con muchos combates cuerpo a cuerpo. Pero una vez que terminó la batalla, las fuerzas británicas y nativas americanas se retiraron por completo, dejando a Frenchtown en manos de Lewis.

Aunque las fuerzas estadounidenses ganaron la primera ronda en la batalla de Frenchtown, los historiadores modernos y los tácticos militares están de acuerdo en que la victoria fue una casualidad. Los hombres de Winchester eran inexpertos, no seguían un plan estratégico y eran escasos. Aunque Harrison estaba satisfecho con la victoria de Winchester, temía que la ciudad pudiera ser reclamada por los británicos debido al número relativamente menor de soldados en el destacamento de Winchester. Sus temores finalmente resultaron ser ciertos cuatro días después. Al escuchar la noticia de la pérdida del asentamiento, el general de brigada Henry Procter se dirigió inmediatamente a Michigan para reclamarlo, liderando una gran fuerza que estaba bien armada y bien abastecida. El ejército estadounidense, por otro lado, no pudo reorganizarse durante los cuatro días que mediaron entre las dos escaramuzas. Como resultado, cuando Procter y sus hombres atacaron a los estadounidenses el 22 de enero, fueron tomados por sorpresa. A pesar de mantener Frenchtown durante varios días, Lewis había evitado enviar centinelas durante todo el día. Cuando las fuerzas británicas y nativas americanas atacaron al amanecer, los estadounidenses estaban literalmente en pijama. La ligera resistencia estadounidense no duró más de veinte minutos, lo que le dio a Procter una victoria decisiva sobre los estadounidenses. Pero la parte verdaderamente espantosa de la batalla ocurrió después cuando los estadounidenses ya se habían rendido. Los estadounidenses habían sufrido grandes pérdidas: alrededor de 400 muertos yacían, más de 40 hombres resultaron heridos y 547 hombres fueron tomados como prisioneros. En efecto, toda la fuerza de Winchester fue aniquilada.

Las acciones de Harrison para someter a la población nativa americana le habían generado a él y a sus hombres mucha animosidad de las tribus nativas americanas en general, no solo de Miami. Entonces, cuando los guerreros nativos americanos finalmente pusieron sus manos sobre los soldados de Harrison, fue una masacre total. Por un lado, habían mostrado una moderación admirable cuando se negaron a incendiar Frenchtown según la sugerencia de Procter, ya que querían evitar el derramamiento de sangre civil. Pero los soldados de Harrison eran una historia totalmente diferente. Procter quería evitar las represalias estadounidenses que sabía que llegarían pronto, por lo que decidió retirarse de regreso a Fort Malden al día siguiente, dejando a los prisioneros estadounidenses que estaban demasiado heridos para hacer la caminata con él a merced de los nativos americanos.

El 23 de enero tuvo lugar una de las masacres más brutales de los nativos americanos en el río Raisin. Primero, se prendió fuego a las casas de madera que contenían a los prisioneros estadounidenses heridos. El olor a carne y madera quemada se mezcló con los angustiados gritos de los soldados estadounidenses heridos, que llenaron el aire en instantes. Los soldados que lograron salir de los edificios fueron mutilados brutalmente con machetes. Los pocos soldados británicos que quedaron atrás no hicieron absolutamente nada por puro terror. Solo cuando Tecumseh llegó a la escena y detuvo a sus hermanos, la brutalidad se detuvo. Las estimaciones de los muertos varían entre 30 y 100.

Dos semanas después de la batalla de Frenchtown, el Ejército de los EE. UU. tuvo menos éxito al asaltar Elizabethtown, que se encontraba en el Alto Canadá. El comandante Benjamin Forsyth dirigió una pequeña compañía de 200 hombres y asaltó con éxito el asentamiento dos veces antes de retirarse de regreso al suelo estadounidense. Sus acciones, sin embargo, llamaron la atención de George Prévost, quien inmediatamente ideó planes para hacerse cargo de Ogdensburg, que Forsyth estaba usando como su base delantera. Los británicos ya habían intentado tomar Ogdensburg, que estaba a unos 35 kilómetros de Elizabethtown, en octubre de 1812, pero había fallado; ahora, iban a intentarlo de nuevo. El 22 de febrero de 1813, el teniente coronel George MacDonell dirigió una carga desesperada a través del congelado río San Lorenzo hacia Ogdensburg. El ejército estadounidense fue tomado completamente por sorpresa, pero inmediatamente disparó contra las tropas británicas que avanzaban. Aunque lograron hacer algún impacto, las fuerzas británicas finalmente invadieron la artillería estadounidense, obligando a las tropas estadounidenses a retirarse a los barrios civiles. Después de una prolongada batalla, en la que los comandantes de artillería de Forsyth resultaron heridos, las tropas estadounidenses finalmente se rindieron. Aunque la batalla de Ogdensburg fue una pequeña escaramuza, fue una victoria importante para las fuerzas británicas, ya que habían logrado eliminar una amenaza importante para sus líneas de suministro. Los siguientes meses consistieron principalmente en conflictos navales mientras las tropas terrestres de ambos lados se recuperaban.

Después de la sorprendente derrota en la batalla de York en abril de 1813, el ejército canadiense decidió atacar Fort Meigs, la fortificación que William Henry Harrison había construido durante sus últimos días como gobernador. En unos pocos meses, Fort Meigs había demostrado ser una ubicación estratégica importante a lo largo del río Maumee. Tecumseh y el mayor general Henry Procter, los respectivos líderes de las fuerzas nativas americanas y británicas, estuvieron presentes durante este ataque. Pero al mismo tiempo, esta fue también la batalla que causó la grieta significativa entre la alianza militar británica y nativa americana. Los nativos americanos habían constituido la mayor parte de las tropas terrestres británicas en las batallas anteriores de la guerra de 1812, y esta sería la última vez que lo harían.

Este asedio comenzó el 28 de abril y las fuerzas británicas tardaron varios días en posicionarse. Tecumseh y Wyandot Chief Roundhead encabezaron el asalto con 1.250 tropas nativas americanas, mientras que las tropas británico-canadienses lideradas por Procter sumaban alrededor de 900. Harrison, por otro lado, tenía 2.800 hombres a su mando, todos a salvo dentro del fuerte. Aprovechando esto, Harrison decidió agotar a sus oponentes simplemente sin hacer ningún movimiento. En la mañana del 5 de mayo, los estadounidenses enviaron al coronel William Dudley y al coronel John Miller para sabotear los cañones británicos en el extremo norte y sur de las posiciones británicas. Dudley y sus 866 hombres alcanzaron con éxito su objetivo en el norte y estaban en medio de la desactivación del cañón británico cuando los guerreros de Tecumseh acosaron a algunos de sus hombres en el bosque. En un intento desesperado por detenerlos, Dudley lo persiguió, dejando un pequeño destacamento bajo su segundo al mando, el Mayor James Shelby. Mientras Dudley perseguía en el bosque, la fuerza de Shelby fue eliminada de un contraataque por el mayor británico Adam Muir, quien atacó con tres regimientos de tropas. Dudley fue asesinado en los primeros minutos de batalla. La mayoría de sus hombres fueron tomados como prisioneros o asesinados. Solo 150 hombres del asalto fallido de Dudley lograron regresar a Fort Meigs. Miller tuvo éxito en su intento, capturando la batería y los prisioneros, pero sufrió grandes pérdidas en su camino de regreso al fuerte. A pesar de esta abrumadora victoria británica, Procter se negó a capitalizarla y montar una ofensiva en el fuerte para gran frustración de Tecumseh. Al ver cómo estaban las cosas, se realizó un intercambio formal de prisioneros entre los estadounidenses y los británicos, y los británicos abandonaron el asedio el 9 de mayo de 1813. Muchos historiadores militares argumentan que, si Procter tuviese tanta experiencia militar como Isaac Brock, esto podría haber sido una gran victoria británica en lugar de una estadounidense. Aunque los estadounidenses habían sufrido más bajas en esta batalla, habían logrado mantener su posición, lo que fue una gran victoria en la guerra de 1812.

Capítulo Seis: La Guerra de 1812- La Guerra de Creek

Si bien la guerra de 1812 comenzó por separado con la invasión de Canadá y el teatro occidental de la guerra, en un extraño giro del destino, la guerra de Creek en el sur también se convirtió en parte del conflicto general. Comenzó junto a la guerra de Tecumseh en 1810, pero no fue hasta 1813 cuando los Red Stick Creeks declararon la guerra al Ejército de los EE. UU. El hombre que ocupó el timón de las fuerzas estadounidenses en la guerra de Creek fue Andrew Jackson, un comandante novato que demostraría su valía en su primera campaña y lo convertiría en un veterano luchador nativo americano al final de la misma. Las victorias de Jackson fueron cruciales para mantener el equilibrio en la guerra de 1812 debido al desastroso desempeño del ejército estadounidense en la mayoría de los conflictos por la tierra. Los Red Stick Creek eran una amenaza creciente, y si se hubieran dejado sin control en la guerra de 1812, la presión combinada de los Red Sticks y los británicos podría haber sido suficiente para que los estadounidenses se rindieran. Afortunadamente para los EE. UU., eso no sucedió, y los comandantes estadounidenses en el norte y el oeste pudieron continuar la lucha hasta el final de la guerra. Los españoles en Florida ayudaron mucho a los Red Sticks al proporcionarles armas y municiones, un hecho que enojaría mucho a Andrew Jackson.

Si bien muchas de las tribus nativas americanas en América del Norte desconfiaban de la cultura y la religión occidentales, los Creek en el sur eran muy acogedores con la nueva cultura. Muchos de ellos se convirtieron en cristianos, adoptaron ropa estadounidense y desarrollaron un gusto por los vicios estadounidenses, como beber y apostar. Todo esto creó una atmósfera tensa dentro de las tribus Creek, lo que causó una grieta social (cabe señalar que los Creek no eran una sola tribu; eran un grupo de tribus relacionadas en el sureste). Muchos de los ancianos de las tribus Creek despreciaban cómo la cultura occidental estaba invadiendo la suya, y comenzaron a exigir reformas dentro de la confederación. Los problemas se hicieron más pronunciados a medida que los estadounidenses comenzaron a invadir cada vez más las tierras de Creek en el sur, ignorando las protestas de las tribus que vivían en la tierra. Cuando Tecumseh acudió a ellos a principios del siglo XIX para llevarlos bajo el ala del movimiento religioso de su hermano, la respuesta se dividió. Muchos de los Creek, específicamente las tribus de Lower Creek, respondieron con entusiasmo a la invitación de Tecumseh. Las tribus más progresistas lo veían como un alborotador y se negaron a aliarse con él. Pero Tecumseh obtuvo más apoyo en 1811 cuando pronunció un discurso anti-anglo en el consejo de Creek en Tukabatchee, que atrajo a una multitud de 50.000 Creeks. Su discurso fue muy bien recibido entre las tribus Creek, lo que los llevó a una posición militante contra el ejército y el gobierno de los EE. UU. El Creek que decidió responder al llamado de guerra de Tecumseh comenzó a ser conocido como los Red Stick Creek en este punto.

La guerra de Creek se puede delimitar en tres campañas estadounidenses: la campaña de Mississippi, la campaña de Carolina del Norte y Carolina del Sur, y la campaña de Tennessee. Las dos primeras campañas fracasaron, a pesar de que no fueron derrotas directas. El ejército estadounidense ganó la delantera en la campaña de Tennessee, dirigida por Andrew Jackson. La campaña de Jackson fue una respuesta directa a la masacre de Fort Mims, que causó el mayor número de muertes de civiles en la guerra de 1812 y sacudió al gobierno y al público estadounidense en su núcleo. Después de que los estadounidenses quemaran los suministros españoles que fueron entregados a los Red Sticks, los Red Sticks tomaron represalias con la masacre en Fort Mims. Fort Mims fue ocupada por 265 milicias, que era un número considerable con fines defensivos, pero los Red Sticks bajo William Weatherford (también conocido como Red Eagle) y Peter McQueen tenían entre 750 y 1.000 guerreros en sus filas. Los Red Sticks atacaron al mediodía y cargaron directamente a través de la puerta principal. La velocidad del ataque abrumó a los soldados estadounidenses que custodiaban la puerta principal. Una vez que obtuvieron acceso al fuerte, los Red Sticks comenzaron a masacrar a civiles y soldados por igual. Las 265 milicias fueron asesinadas o capturadas, y 252 civiles (de 517) fueron asesinados o capturados.

Para controlar la situación, el gobernador de Tennessee, Willie Blount, ordenó a Andrew Jackson que se preparara para una campaña para someter a los Red Sticks, y que tomara medidas contra los españoles que ya se habían convertido en una molestia para los Estados Unidos. La campaña de Tennessee no comenzó exactamente con una nota positiva. Cuando Jackson decidió movilizar a sus tropas el 10 de octubre de 1813 para la expedición de Tennessee, inicialmente se retrasó por muchas razones. El río Tennessee tenía una marea baja, lo que dificultaba a Jackson reunir y mover sus suministros junto con sus tropas. Además de eso, el reclutamiento para su expedición aún no se había completado, lo que obligó a Jackson a partir bajo las órdenes del gobernador Blount con solo 2.500 soldados. Lo primero que hizo Jackson después de partir fue establecer Fort Strother como su base de suministros, una decisión que resultaría útil. Casi tres semanas después de partir, Jackson se enfrentó a su primer gran desafío en la batalla de Tallushatchee. Mientras Jackson estaba estableciendo Fort Strother a lo largo del río

Coosa, sus exploradores informaron de un campamento de Red Sticks a quince millas al norte. En lo que puede describirse simplemente como exageración, el general John Coffee, uno de los amigos y oficiales cercanos de Jackson, llevó a unos 900 soldados de caballería para quemar el campamento de los Red Sticks en el suelo, matando a 186 de ellos en el proceso. Richard K. Call, uno de los participantes en la batalla de Tallushatchee, más tarde describió el evento en sus memorias:

> A la mañana siguiente, después de nuestra marcha, entramos en la aldea india, y aquí vi por primera vez la carnicería del campo de batalla. Lo vi en su peor momento: cuando había pasado la hora del peligro, cuando no podía excitar ningún sentimiento o pasión en mi pecho, para controlar mi simpatía y pena por el sufrimiento humano. Era para mí una escena horrible y repugnante: la batalla había terminado en la aldea, los guerreros luchaban en sus casas de juntas, lo que daba poca protección contra las balas de fusil o la bola de mosquete. Lucharon en medio de sus esposas e hijos, que con frecuencia compartían su destino sangriento. Lucharon valientemente hasta el final, ninguno pidió o recibió clemencia, ni cesó la resistencia hasta que el último guerrero había caído. La humanidad bien podría haber llorado sobre la escena sangrienta que teníamos ante nosotros. Encontramos hasta ocho o diez cadáveres en una sola cabina, a veces la madre muerta agarraba al niño muerto a su pecho, y para agregar otro horror espantoso al catálogo sangriento: algunas de las cabañas se habían incendiado y medio consumido. Se veían cuerpos entre las ruinas humeantes. En otros casos, los perros se habían desgarrado y festejado con los cuerpos destrozados de sus amos. Enfermo de corazón me aparté de la escena repugnante. La imagen parece muy diferente en el momento fresco de la inacción que, en la emoción de la batalla, en una, la pasión, el deseo de triunfar y la venganza te

convierten en un demonio, en la otra, a medida que el cerebro se vuelve más sereno, el pulso late menos rápido. Recuerdo una instancia de un valiente joven soldado que, después de luchar como un tigre hasta que terminó el enfrentamiento, se desmayó al ver a la sangre que había ayudado a derramar.

El 9 de noviembre, seis días después de la batalla de Tallushatchee, Andrew Jackson ganó su segunda victoria militar en la batalla de Talladega. Poco después de la victoria de Coffee en la batalla de Tallushatchee, algunos de los Upper Creek pidieron la ayuda de Jackson para detener los Red Sticks en Talladega. Los Red Sticks se habían vuelto violentos hasta el punto de quemar y matar a su propia gente si no estaban de acuerdo con las opiniones y políticas militantes de los Red Sticks. Esta vez, el propio Jackson lideró sus fuerzas, que consistían en 2.000 soldados de infantería y caballería. Los Red Sticks liderados por Red Eagle, también conocido como William Weatherford, eran 700. Al igual que la batalla de Tallushatchee, la batalla de Talladega también fue un asunto relativamente corto y directo, carente de tácticas avanzadas. Tan pronto como Jackson y sus fuerzas aparecieron frente al pueblo de Talladega, fueron atacados por los Red Sticks. Las fuerzas de Jackson respondieron y abrumaron a los Red Sticks en muy poco tiempo. Las fuerzas de Jackson solo sufrieron 15 muertes, mientras que los Red Sticks tuvieron 300, haciendo de esta una decisiva primera victoria para Jackson. Pero Jackson tuvo dificultades para manejar sus fuerzas durante todo el mes de diciembre. Alrededor de 500 hombres abandonaron sus fuerzas, lo que fue un duro golpe para Jackson, ya que acababa de perder un quinto de su ejército. Los suministros eran bajos, al igual que la moral de los hombres. A pesar de enfrentar estas situaciones difíciles, Jackson marchó para ayudar a la milicia de Georgia en enero, que se acumuló en las batallas de Emuckfaw y Enotachopo Creek.

Las condiciones para las batallas de Emuckfaw y Enotachopo Creek fueron desfavorables para Jackson. El período de alistamiento de las tropas que habían peleado las primeras escaramuzas con Jackson en 1813 expiraría a mediados de enero. Como resultado, cuando Jackson marchó por las batallas de Emuckfaw y Enotachopo Creek, marchaba con 900 reclutas de la milicia que no tenían experiencia ni entrenamiento para luchar contra la amenaza de los Red Sticks. La primera batalla tuvo lugar cerca de Emuckfaw el 22 de enero de 1814. Jackson y sus fuerzas acamparon a pocos kilómetros de Emuckfaw cuando los Red Sticks atacaron repentinamente al amanecer. Después de media hora de lucha, los Red Sticks fueron derrotados, momento en el que Jackson envió a Coffee con 400 hombres para liderar un contraataque en el campamento de Red Stick. Después de ver los números de Red Stick, Coffee decidió retroceder, lo que le dio a los Red Sticks otra oportunidad de atacar el campamento de Jackson. Esta vez, Coffee resultó gravemente herido, lo que obligó a Jackson a tomar la difícil decisión de retirarse. Jackson era realista y entendía que, sin hombres experimentados a su lado, luchar contra los Red Sticks en igualdad de condiciones no era una posibilidad. Entonces, reunió sus fuerzas y se dirigió a Fort Strother. Sin embargo, los Red Sticks no habían terminado con Jackson y atacaron a sus fuerzas nuevamente el 24 de enero mientras cruzaban Enotachopo Creek. Las fuerzas de Jackson lograron montar un contraataque, que no fue muy efectivo, ya que la retaguardia entró en pánico y se retiró. Por alguna razón desconocida, los Red Sticks decidieron no seguir adelante con su ataque, permitiendo que Jackson y sus hombres se retiraran de manera segura. Como tal, estas batallas no tenían un ganador claro; mientras Jackson se vio obligado a retirarse, los Red Sticks no obtuvieron ninguna victoria importante en las batallas. Después de estas batallas, Jackson esperó en Fort Strother hasta que el gobernador Blount cumplió su promesa y envió 2.500 soldados a Jackson para continuar la campaña de Tennessee.

Otro caso de retirada estadounidense de los Red Sticks tuvo lugar durante la batalla de Calebee Creek, ubicada en el actual condado de Macon, Alabama. Esta escaramuza tuvo lugar la noche del 27 de enero de 1814, cuando 1.300 Red Sticks liderados por Red Eagle emboscaron a las fuerzas de John Floyd de 1.200 milicianos voluntarios y 400 aliados yuchi. Floyd fue desplegado junto a Jackson con el mismo objetivo: derrotar a los Red Sticks. Los Red Sticks habían estado siguiendo el movimiento de Floyd durante algún tiempo antes de que ocurriera la escaramuza. Red Eagle y sus fuerzas atacaron a las fuerzas de Floyd al amanecer, lo que provocó el desorden de toda la compañía. Pero las fuerzas estadounidenses contraatacaron ferozmente, causando grandes bajas en ambos lados. Después de una hora de lucha, las fuerzas de Floyd lograron derrotar a los Red Sticks. Pero a pesar de la victoria, muchos historiadores modernos tienden a estar de acuerdo en que las fuerzas de Floyd sufrieron lo peor del ataque.

El 27 de marzo de 1814, tuvo lugar la batalla final de la guerra de Creek, la batalla de Horseshoe Bend. Esta batalla disparó a Andrew Jackson a la fama. Después de la batalla de Calebee Creek, los Red Sticks decidieron tomar su posición final y comenzaron a reunir tropas junto al río Tallapoosa. Después de recibir su refuerzo de 2.500 hombres en febrero, Jackson una vez más comenzó los preparativos para atacar a los Red Sticks. Afortunadamente para él, sus aliados nativos americanos, los Cherokee y Creek, también se unieron a sus fuerzas en esta batalla, dando a Jackson un impulso muy necesario en número, ya que la mayoría de sus hombres no tenían experiencia en la lucha. Para organizar mejor sus planes, Jackson decidió mudarse a Fort Williams antes del ataque. El ejército de Red Stick fue dirigido por su jefe Menawa, y acamparon en Horseshoe Bend, cerca de las orillas del río Tallapoosa. Con alrededor de 1.000 guerreros, los Red Sticks no habían terminado de asimilar toda su fuerza, lo que le dio a Jackson una gran ventaja táctica en esta batalla.

Jackson volvió a confiar en su mejor amigo y ordenó al general de brigada John Coffee que cruzara el río y rodeara el campamento desde el lado sur con 700 hombres, mientras que Jackson cubriría el lado norte del campamento. Después de que todos sus hombres habían sido posicionados, Jackson ordenó a sus unidades de artillería que comenzaran a bombardear el pueblo a las 10:30 de la mañana. Pero los Red Sticks habían construido buenas defensas que no fueron afectadas por el fuego de artillería. Al ver que los resultados no eran satisfactorios, Jackson ordenó una carga de bayoneta en la aldea. Dirigido por el coronel John Williams de la 39.ª infantería de EE. UU., La carga de bayoneta fue un éxito, y las tropas estadounidenses finalmente pudieron cruzar las defensas del Red Stick y entrar en la aldea. Esto comenzó una brutal situación de combate cuerpo a cuerpo que se prolongó durante un tiempo (unas cinco horas). Una vez que las defensas fueron penetradas, Coffee también lideró su carga al mismo tiempo, abrumando a los Red Sticks tanto desde adelante como desde atrás. Los Red Sticks no se rindieron, y hasta el último hombre en el campamento fue asesinado o herido, poniendo fin efectivamente a la guerra Creek.

Después de esta batalla, las tribus nativas americanas en el área se vieron obligadas a firmar el Tratado de Fort Jackson, que permitió al gobierno de los Estados Unidos adquirir 23 millones de acres de tierra. Como Jackson fue el responsable de adquirir este tratado, fue ascendido al rango de general mayor poco después. Como los Red Sticks habían sido sometidos por completo, Jackson volvió la vista hacia Pensacola, que finalmente culminó en la batalla de Nueva Orleans. Los preparativos tomaron un tiempo, ya que Jackson había enviado al Capitán John Gordon para verificar si los británicos realmente estaban coordinando con los españoles o no. Después de semanas de duro viaje, Gordon regresó e informó que las sospechas de Jackson eran ciertas. Al descubrir esto, Jackson comenzó a prepararse para su campaña contra los españoles.

La batalla de Pensacola fue un asunto relativamente corto y directo en comparación con las victorias anteriores de Jackson. El plan de Jackson era conquistar la Florida española y trasladarse a Nueva Orleans para defender a la ciudad de nuevos ataques. Después de unirse al general de brigada John Coffee y reunir 4.000 tropas, Jackson finalmente se embarcó para su expedición a Pensacola el 2 de noviembre. Al llegar, Jackson no se involucró de inmediato y en su lugar envió al Mayor Henri Piere a la ciudad para negociar una rendición. Pero para disgusto de Jackson, el Mayor Piere fue asesinado a tiros cuando pasaba por el Fuerte San Miguel. Jackson envió un segundo enviado, que sobrevivió al viaje, pero regresó con la noticia de que el gobernador español Mateo González Manrique se había negado a rendirse. Entonces, Jackson comenzó su asalto a Pensacola el 7 de noviembre. Atacó al amanecer y, para reducir las bajas, ordenó a 1.000 de sus tropas que flanquearan a Pensacola desde la playa donde no podía alcanzar el fuego de los cañones españoles. Con los otros 3.000 soldados, Jackson entró en la ciudad él mismo. Logró llegar al centro de la ciudad y capturar las baterías de artillería que salpicaban a sus tropas con fuego. Manrique ofreció rendirse después de este giro drástico de los acontecimientos. Al día siguiente, el Fuerte San Miguel se rindió a las tropas estadounidenses. Jackson seguía sin ser molestado y decidió lanzar un asalto final al día siguiente, pero antes de que pudiera actuar, una gran explosión destruyó la ciudad de Pensacola. Esto llevó a los británicos a retirarse, junto con algunos de sus aliados españoles, dando a Jackson una victoria fácil, aunque vacía. A pesar de dos días de lucha, las bajas en ambos bandos fueron mínimas: los estadounidenses solo sufrieron siete muertos y once heridos, mientras que los británicos y españoles sufrieron quince bajas.

La batalla de Nueva Orleans es posiblemente la última acción militar importante en la guerra de 1812. Técnicamente, esta batalla no debería haber sucedido, ya que el Tratado de Gante ya había sido firmado por los estadounidenses y los británicos. Pero en aquellos días, las noticias tardaban en llegar de un extremo del país al otro. Después de su victoria en Pensacola, Jackson se trasladó rápidamente a Nueva Orleans después de escuchar noticias de tropas británicas que avanzaban hacia la ciudad. Las fuerzas británicas, lideradas por el mayor general Sir Edward Pakenham, atacaron Nueva Orleans el 8 de enero de 1815. A pesar de la gran cantidad de tropas lideradas por Pakenham (8.000), los estadounidenses bajo Jackson obtuvieron una victoria fácil. En cierto modo, la batalla de Nueva Orleans fue exactamente lo contrario de la batalla de Bladensburg: cada error que cometieron los estadounidenses en esa batalla fue más o menos repetido por los británicos en esta batalla. Jackson tenía 5.700 hombres bajo su mando y los usó estratégicamente para derrotar al ejército británico. El ejército británico atacó al amanecer para aprovechar la niebla y la mala línea de visión, pero esto terminó siendo un error fatal cuando la niebla se despejó cuando las columnas de infantería británicas alcanzaron el alcance del fuego de mosquete enemigo. Las fuerzas de ataque lideraron dos asaltos contra la línea defensiva estadounidense y fueron derrotados en ambas ocasiones. Durante el segundo ataque, tanto Pakenham como su segundo al mando, el mayor general Samuel Gibbs, resultaron heridos después de ser alcanzados por una ronda de disparos, lo que provocó su muerte más tarde. La pérdida de sus comandantes, así como las grandes pérdidas que estaban sufriendo, llevaron a los británicos a retirarse. Más tarde tratarían de hacer un asalto naval a la ciudad, pero también fueron disuadidos de ese plan. Después de esta batalla, la guerra de 1812 terminó oficialmente, y las pocas pequeñas escaramuzas navales aquí y allá fueron en gran parte ignoradas por ambas partes.

Capítulo Siete: La Guerra de 1812- Batallas Navales

Hasta ahora, hemos discutido las batallas terrestres de la guerra de 1812; ahora, discutiremos las batallas navales, que alteraron la marcha de la guerra en más de una ocasión. La más famosa fue la batalla del Lago Erie. Las batallas navales de esta guerra fueron entre dos fuerzas marítimas completamente diferentes. Gran Bretaña tenía quizás la mejor fuerza naval del mundo en ese momento, mientras que Estados Unidos se quedaba corto con su Armada de combate. La diferencia en la calidad de los dos lados se puede explicar. Estados Unidos todavía era un país bastante nuevo en ese momento, y había muchos otros asuntos importantes, como el establecimiento de un gobierno fuerte, que tenían prioridad. Como tal, Estados Unidos no tuvo tiempo para crear una Armada fuerte, y mucho menos una que pudiera compararse con Gran Bretaña. En cambio, los Estados Unidos utilizaron principalmente su Armada para el comercio. Gran Bretaña, por otro lado, había utilizado sus fuerzas navales durante siglos para la guerra. Como Gran Bretaña se encuentra en una isla, fue de gran importancia que su Armada fuera fuerte.

Cuando comenzó la guerra de 1812, los estadounidenses asumieron automáticamente que la mayor parte de la guerra se libraría en tierra, lo que provocó apenas entusiasmo por el reclutamiento en la Marina de los EE. UU. Después de todo, la Armada estadounidense era una fuerza incipiente, y ningún comandante lógico pensaría que los estadounidenses tenían una oportunidad de luchar contra los británicos en el agua. Irónicamente, fue en las batallas navales que los estadounidenses obtuvieron algunas de sus mayores victorias en la guerra de 1812. Al discutir las batallas navales, es importante recordar que las batallas se libraron en el océano Atlántico y en varios lagos. De hecho, fueron las batallas navales del interior las que trajeron las victorias estadounidenses más prolíficas que las del mar, que se limitaron principalmente a capturar barcos enemigos.

Teniendo en cuenta el mal estado de la Marina de los EE. UU., es lógico preguntarse cómo lograron ganar tantos conflictos navales. La respuesta a esa pregunta es simple: corsarios. El acto de usar piratas y otros criminales como una fuerza naval subsidiada no es nada nuevo en la historia de la guerra naval, y tal fue el caso en la guerra de 1812. Los corsarios en la guerra de 1812 eran básicamente barcos mercantes equipados con armas pequeñas. Como resultado, pudieron mantener una mejor maniobrabilidad que los británicos. Sin embargo, a pesar de sus numerosos éxitos, los corsarios finalmente no lograron romper los múltiples bloqueos navales que los británicos aplicaron en el segundo y tercer año de la guerra. Los británicos también contrataron corsarios propios para los bloqueos, que estaban activos en las regiones de Nueva Escocia, Nuevo Brunswick y Bermudas. Estas regiones eran comparativamente más seguras para los barcos británicos.

Al comienzo de la guerra de 1812, la Royal Navy sufrió algunos problemas importantes. Podría haber sido una de las flotas más grandes de Europa en ese momento, pero eso, en sí mismo, plantearía un problema. Todos esos barcos necesitaban hombres para manejarlos, hombres que Gran Bretaña no tenía. No solo estaban librando una guerra en Estados Unidos, sino que las guerras napoleónicas todavía estaban en pleno apogeo en Europa. Como tal, Gran Bretaña tuvo que reclutar apresuradamente, así como impresionar, hombres. Esto condujo a marineros mal entrenados que tuvieron problemas para defenderse de los hombres más experimentados a bordo de los barcos estadounidenses. Los barcos británicos eran menos poderosos que sus contrapartes estadounidenses también. Por ejemplo, una de las batallas navales más famosas en la guerra de 1812 fue entre la *Constitution* del USS y el HMS *Guerriere*. La *Constitution* del USS tenía 56 armas y una tripulación de 480. El HMS *Guerriere*, por otro lado, tenía 44 armas y solo 272 hombres manejando. Aunque la batalla entre las dos naves fue intensa, al final, los cañones de doble disparo de la *Constitution* del USS pudieron derrotar al HMS *Guerriere*.

Otro de los otros problemas de Gran Bretaña fue la falta de materiales y armadores expertos. Sin los materiales necesarios y las manos expertas necesarias para reparar los barcos, los barcos británicos habían comenzado a deteriorarse lentamente y tener un rendimiento inferior a lo largo de los años. Sin embargo, los estadounidenses podían confiar en los astilleros locales que estaban totalmente equipados y suministrados. Estos astilleros produjeron barcos más resistentes y cañones más pesados en comparación con la flota británica, un buen ejemplo es la captura del HMS *Macedonian* por parte del USS *Estados Unidos*. El USS *Estados Unidos* tenía el nuevo diseño de "fragata pesada" estadounidense, mientras que el HMS *Macedonian* era del diseño de fragata británico más antiguo de la clase Lively. Si bien el barco británico tenía una mayor variedad de armamentos, la ventaja de velocidad del barco estadounidense fue abrumadora para un barco de ese tamaño. La mayoría de las veces, las armas estadounidenses tenían el doble de poder destructivo que los cañones británicos regulares, lo que les permitía causar un daño significativamente mayor al transportar menos armas. Esencialmente, la estrategia naval estadounidense fue golpeada primero y golpeada con fuerza. Esto demostró ser extremadamente efectivo, como lo demuestran las primeras victorias navales estadounidenses en 1812.

Cuando la *Constitution* del USS derribó al HMS *Guerriere* el 19 de agosto de 1812, ambas partes se sorprendieron por la repentina victoria estadounidense. Antes de que comenzara la batalla, la *Constitution* había visto un barco desconocido, y el capitán estadounidense Isaac Hull decidió comprobarlo. Antes de esta escaramuza, la *Constitution* se había enfrentado a una gran flota británica, pero logró escapar; casualmente, el HMS *Guerriere* también había estado en esa flota. Cuando las naves se acercaron lo suficiente, reconocieron las banderas de los demás e inmediatamente se prepararon para el combate.

Al principio, el *Guerriere* persiguió a la *Constitution*, disparando sus cañones laterales con poco efecto, ya que el fuerte viento arruinó los disparos. La persecución continuó durante 45 minutos hasta que una bala de cañón rebotó en el costado de la *Constitution* sin causar ningún daño; después de esta batalla, el barco pasó a ser conocido como "Old Ironsides". Envalentonados por la falta de daños a su barco, los marineros de la *Constitution* cerraron la distancia entre los dos barcos para aprovechar sus cañones más pesados de manera más efectiva. El *Guerriere* se quedó quieto, confiando en que su tamaño y armamento pesado destruirían la nave entrante. Cuando ambas naves se acercaron a la perfección, comenzaron a intercambiar fuego en serio.

La lucha se prolongó durante quince minutos más o menos con poco daño a la *Constitution*. Pero el barco británico no sabía que la *Constitution* poseía armas pesadas y un casco fuerte, lo que terminó siendo su ruina. El mizzenmast del *Guerriere* fue destruido por un disparo de cañón de la *Constitution*, lo que causó que el *Guerriere* perdiera el equilibrio. La *Constitution* aprovechó la angustia del *Guerriere* y se posicionó en el frente expuesto del *Guerriere*. Los hombres de la *Constitution* lanzaron fuego de cañón, rastrillando tanto al *Guerriere* que el barco perdió su palo mayor, dejándolo totalmente inmóvil. La *Constitution* dio la vuelta para una segunda carga, pero los barcos se enredaron en el proceso, lo que requirió un combate cuerpo a cuerpo. Aunque se formaron grupos de abordaje tanto en el *Guerriere* como en la *Constitution*, ninguno de los lados pudo cruzarse con el otro debido al daño extenso causado.

Una vez que ambos capitanes se dieron cuenta de que abordar el otro barco no era una opción, ambos comenzaron a disparar sus cañones nuevamente, a pesar de estar precariamente enredados. El *Guerriere* intentó escapar de la lucha, pero dada la condición muy dañada de la nave, esto resultó ser imposible. La *Constitution*, sin embargo, logró desenredarse brevemente y pudo hacer algunas reparaciones antes de comenzar a atacar al *Guerriere* una vez más. El capitán británico James Dacres, que resultó herido en la lucha, se dio cuenta de que su barco no sobreviviría a otro ataque como ese y señaló su rendición al disparar un cañón en la dirección opuesta a la *Constitution*. Cuando el Capitán Hull envió un pequeño bote para confirmar si el enemigo se estaba rindiendo o no, Dacres respondió a los famosos en el bote: «Bueno, señor, no lo sé. Nuestro mástil de mizzen se ha ido, nuestros mástiles principales y anteriores se han ido, creo que en general se podría decir que hemos tocado fondo».

En el lado estadounidense, las bajas ascendieron a siete muertos y siete heridos. Los británicos sufrieron significativamente más daños, con 15 muertos, 78 heridos y los 257 restantes capturados. Aunque Hull quería tomar el *Guerriere* como un barco de premio, había sido inmovilizado, por lo que los estadounidenses le prendieron fuego antes de irse a Boston con las noticias, lo que ayudó a impactar la moral positivamente.

Los éxitos navales estadounidenses en 1812, como el USS *Essex* versus HMS *Alert*, USS *Wasp* (1807) versus HMS *Frolic* y USS *Wasp* (1807) versus HMS *Poictiers* (1809), entre otros, causaron un gran alboroto en Gran Bretaña; simplemente no podían entender por qué los yanquis advenedizos, que tenían naves más pequeñas y apenas tenían potencia de fuego, derribaban uno tras otro a los barcos británicos superiores. El 18 de febrero de 1813, George Canning, quien una vez fue el tesorero de la marina y el secretario de asuntos exteriores, dijo a la Cámara de los Comunes que «se rompió el hechizo sagrado de la invencibilidad de la Armada británica».

Los británicos tenían derecho a preocuparse, ya que todavía tenían una de las batallas navales más grandes con las que luchar, la batalla del lago Erie. Cuando estalló la guerra de 1812, Oliver Hazard Perry fue enviado a tomar el control de la flota estadounidense en el lago Erie. Cuando aterrizó en Presque Isle, Michigan, algunos artesanos ya estaban encargados de crear una pequeña flota para él que sería adecuada para los cuerpos de agua continentales. Después de un año, tenía nueve barcos listos. Siete de sus nuevos barcos de la flota eran cañoneras, pequeños barcos con la capacidad de montaje de un solo cañón. Solo dos, el *Lawrence* y el *Niágara*, eran barcos de tamaño completo con capacidad para dos cañones largos y dieciocho carronadas, un cañón de calibre corto. Perry también había reunido un grupo dedicado de 500 hombres, y después de meses de duro entrenamiento, eran una unidad marítima competente lista para la guerra con los británicos.

En septiembre de 1813, Perry navegó a Put-In-Bay, Ohio, para enfrentarse a la Armada británica, comandada por Robert Heriot Barclay. Los británicos habían comenzado a desarrollar una Armada en el lago Erie casi al mismo tiempo que Perry. Antes de la batalla, ambos bandos corrían como hormigas para construir su flota rápidamente. Al final, fue la flota británica la que se lanzó primero al lago. El 10 de septiembre de 1813, ocurrió la batalla del lago Erie. Parecía que los estadounidenses tenían la ventaja desde el principio, ya que tenían nueve barcos en comparación con los dos de Gran Bretaña. Pero desde el primer momento, los barcos británicos golpearon a los estadounidenses con sus cañones largos, que eran más precisos. En un momento, los británicos pulverizaron con éxito el *Lawrence*, el barco en el que estaba Perry. Perry agarró la bandera del barco y se trasladó al *Niágara* con gran peligro para sí mismo.

Después de que Perry movió los barcos, los estadounidenses comenzaron a ganar la pelea. Antes de la aparición de Perry en el *Niágara*, este barco apenas había atraído el fuego británico, ya que su enfoque estaba en el barco de Perry. Aprovechando esta situación, el *Niágara*, ahora bajo el mando directo de Perry, causó un daño abrumador al *Lawrence* ocupado por los británicos (los británicos se hicieron cargo una vez que Perry lo abandonó) con sus armas pesadas. Los comandantes de casi todos los barcos británicos fueron asesinados o heridos, dejando a los barcos británicos bajo el mando de oficiales sin experiencia que estaban asustados y confundidos. Perry explotó esta circunstancia, arrojando al *Niágara* contra los barcos dañados de Barclay. Se las arregló para romper la línea de barcos británicos y entró en el campo de tiro del HMS *Detroit* y *Queen Charlotte*. Los marineros a bordo de las embarcaciones estadounidenses más pequeñas también se centraron en disparar contra estos barcos británicos. Estas dos naves se rindieron alrededor de las 3 p. m., y las naves más pequeñas, que intentaron huir, fueron adelantadas. Cuarenta y un británicos fueron asesinados, 93 resultaron heridos y 306 fueron capturados, lo que significa que ninguno de los británicos que participaron en esta batalla escapó ileso.

Perry envió un mensaje al mayor general William Henry Harrison, detallando la pelea con gran entusiasmo y exageración. En la carta, escribió: «Nos hemos encontrado con el enemigo, y ellos son nuestros».

El triunfo estadounidense en la batalla del lago Erie fue un gran logro, ya que los estadounidenses ahora controlaban el lago Erie. Con la eliminación de las líneas de arsenales británicos, Fort Detroit volvió a ser suyo. También se preparó para el asalto del general Harrison contra los poderes británicos y nativos americanos en la batalla del Támesis, en el que Tecumseh se encontró con su prematura desaparición.

Una de las últimas grandes batallas navales, la batalla de Plattsburgh, tuvo lugar en 1814. Esta batalla incluyó tanto fuerzas terrestres como navales, con las fuerzas navales supervisadas por el Comandante Maestro de los Estados Unidos Thomas Macdonough y el Capitán británico George Downie. George Prévost, quien estaba a cargo de las fuerzas terrestres británicas, llegó a Plattsburgh el 6 de septiembre de 1814, pero no atacó de inmediato, sino que se enfocó en fortalecer su posición. Prévost esperaba que una vez que Downie atacara los barcos estadounidenses en la bahía de Plattsburgh, los generales en tierra se coordinarían para comenzar un asalto total contra los estadounidenses.

El Capitán George Downie no pudo colocar la fragata *Confiance* en el lugar que deseaba; sin embargo, todavía logró lanzar un costado que mató o hirió a una quinta parte de la tripulación en el USS *Saratoga*, el buque insignia de Thomas Macdonough. Macdonough pudo haber quedado atónito por la explosión, pero no dejó que lo detuviera por mucho tiempo. Unos minutos más tarde, el *Saratoga* disparó, matando a Downie en el proceso. Dos de los balandros británicos, Chubb y Finch, se rindieron poco después de esto, dejando al bergantín *Linnet*, así como al *Confiance*, los principales barcos que quedaron en la refriega. El USS *Saratoga* y el *Confiance* lentamente se detuvieron, con la mayoría de los oficiales a bordo del *Confiance* muertos o heridos, mientras que la mayoría de los cañones del *Saratoga* estaban fuera de combate. Macdonough ordenó que se cortara el ancla de proa del *Saratoga*, lo que permitió que la nave girara y pusiera en acción sus armas no dañadas. Con el *Confiance* incapaz de devolver el fuego, se vio obligado a rendirse. El *Linnet* lo siguió poco después, ya que el *Saratoga* lo golpeó fuertemente.

Aunque se suponía que la batalla terrestre debía comenzar al mismo tiempo, tardó un poco más en comenzar. Sin embargo, dado que los estadounidenses salieron victoriosos en el mar, no había razón para que los británicos siguieran adelante con su asalto, y se retiraron tan pronto como escucharon la noticia de la batalla naval. Los estadounidenses y los británicos ya se estaban reuniendo para discutir el Tratado de Gante en este punto, y esta batalla ayudó a consolidar la posición estadounidense. Si los británicos hubieran tenido éxito, podrían haber tenido más influencia al exigir mantener más de los territorios que habían ganado durante la guerra. En cambio, el tratado esencialmente borró la pizarra, restaurando las fronteras de los dos países a lo que había sido antes de la guerra.

Conclusión

Para cuando la guerra de 1812 había alcanzado su tercer año, ambas partes comenzaban a estar ansiosas por concluir la guerra lo antes posible. El costo de la guerra estaba aumentando para los Estados Unidos, y los británicos estaban cada vez más agitados después de la larga serie de derrotas en 1813. Para hacer las paces, tanto los Estados Unidos como Gran Bretaña decidieron enviar enviados a terreno neutral para negociar los términos de la paz. Bélgica fue elegida como tierra neutral, y en agosto de 1814, delegados de ambos lados llegaron a Gante para negociar un tratado. Al principio, ambas partes se abrumaron con demandas imposibles: los estadounidenses exigieron que Canadá se integrara en Estados Unidos, mientras que los británicos exigieron un estado de amortiguación de los nativos americanos. Es comprensible que ambas demandas fueran imposibles de cumplir, y los delegados discutieron durante semanas sobre estos temas. Renunciar a Canadá significaría un control cero en América del Norte para los británicos, y crear un estado de amortiguación de los nativos americanos impediría la expansión estadounidense en el oeste.

Mientras las discusiones estaban en curso, los británicos tenían planeadas un par de invasiones, por lo que es lógico suponer que tenían objetivos diferentes en mente y estaban demorando el tratado para permitir que esas incursiones se desarrollaran. Los delegados estadounidenses, por otro lado, también estaban jugando el mismo juego: esperaban que Francia volviera a alborotar en Europa para distraer a los británicos. Las negociaciones se desarrollaron durante cuatro meses y, para sorpresa de ambas partes, sus meses de estancamiento terminaron siendo inútiles. Francia no volvió a levantarse en armas, y las invasiones británicas tuvieron resultados negativos. Al ver la situación tal como era, ambas partes decidieron restablecer las antiguas fronteras de América del Norte antes de la guerra, incluidas las tierras que también fueron arrebatadas a los nativos americanos. El 24 de diciembre de 1814, ambas partes acordaron las condiciones del tratado y volvieron a sus respectivos países. El Tratado de Gante fue ratificado por ambos gobiernos en febrero, terminando formalmente la guerra. Pero no fue sino hasta unos meses después que la guerra terminó, ya que una pequeña batalla local conocida como la batalla del Sink Hole tuvo lugar entre el ejército estadounidense y las fuerzas Sauk.

Mirándolo desde una perspectiva moderna, la guerra de 1812 fue quizás la guerra más inútil en la historia de Estados Unidos. El número de vidas perdidas y los gastos realizados para financiar el esfuerzo de guerra agotaron significativamente los recursos estadounidenses. Y para colmo, se quedaron en la misma posición que hace tres años, sin cambios en las líneas geográficas. Además, el Tratado de Gante anuló todas las tierras de los nativos americanos que los estadounidenses también habían adquirido. Esto dio lugar a un conflicto de un siglo contra la población nativa americana, que vio numerosas víctimas y brutalidades en ambos lados. Entonces, en cierto modo, esta guerra hizo más daño que bien, ya que las secuelas fueron un fiasco político en lo que respecta a las relaciones con los nativos americanos, ya que muchos de los estadounidenses que participaron en esta guerra adquirirían importantes cargos gubernamentales y militares. Estos hombres habían acumulado un profundo odio hacia la población de nativos americanos durante la guerra de Creek y la guerra de 1812, lo que finalmente los llevó a subyugar a toda costa a la población de nativos americanos. Y para empeorar las cosas, pasarían sus ideologías a la próxima generación, que continuaría el ciclo de brutalidad.

Pero hubo algunos resultados positivos de esta guerra. Después de esta guerra, Estados Unidos y Gran Bretaña estaban más cerca que nunca. Aunque los dos países alcanzaron algunos momentos difíciles en la década de 1860, su relación sigue siendo sólida hasta el día de hoy. Otro resultado positivo de la guerra fue un ejército y una marina estadounidenses entrenados. El concepto de un ejército permanente entrenado ya estaba en práctica en 1814, pero luego se convirtió en la norma. Después de analizar su pobre desempeño en la mayoría de las batallas de la guerra de 1812, el ejército estadounidense llegó a la conclusión de que la diferencia entre ellos y las fuerzas británicas era el entrenamiento. Muchas de las milicias canadienses habían sido entrenadas por asiduos británicos durante la guerra y, como resultado, se desempeñaron mejor que la milicia estadounidense promedio. La Armada estadounidense también se reorganizó y se equipó magníficamente debido a su sorprendente desempeño en la guerra de 1812. Se podría argumentar que, si no fuera por la Marina de los EE. UU., la guerra de 1812 habría terminado mucho antes y con una derrota estadounidense.

La guerra de 1812 también tiene un profundo significado en la historia de Canadá y los nativos americanos. Para los canadienses, esta fue la guerra que los llevó a descubrir su propia identidad. No eran británicos ni estadounidenses; eran canadienses. Por lo tanto, muchos de los héroes británicos de la guerra terminaron siendo héroes canadienses, el más destacado de ellos fue Isaac Brock. Para los nativos americanos, este fue el comienzo de la caída de su poder en América del Norte. La guerra de Creek había visto aumentar las tensiones entre los colonos estadounidenses y los nativos americanos, que aumentaron dramáticamente cuando los nativos americanos se pusieron del lado de los británicos. La muerte de Tecumseh también fue un gran golpe para los nativos americanos, especialmente para las tribus del norte: debía ser su salvador, pero su prematura muerte en la batalla del Támesis ayudó a comenzar un capítulo oscuro en la historia de los nativos americanos. El Imperio británico también fue cambiado radicalmente por esta guerra: después de décadas de lucha en Europa, que habían afectado los recursos de Gran Bretaña, los británicos finalmente centraron su atención en India para expandir más su imperio.

Referencias

"War of 1812-1815." Office of the Historian, Bureau of Public Affairs, United States Department of State, history.state.gov/milestones/1801-1829/war-of-1812

Bickham, Troy. The Weight of Vengeance: The United States, The British Empire and The War of 1812. Oxford University Press, 2012.

Springer, Paul J. "The Causes of the War of 1812." Foreign Policy Research Institute, 31 March. 2017, www.fpri.org/article/2017/03/causes-war-1812/

Borneman, Walter. 1812: The War That Forged a Nation. Harper Perennial, 2004.

Taylor, Alan. The Civil War of 1812: American Citizens, British Subjects, Irish Rebels, & Indian Allies. Vintage Books, 2010.

"Two Wars for Independence." American Battlefield Trust, www.battlefields.org/learn/articles/two-wars-independence

"The War of 1812 Could Have Been the War of Indian Independence." Indian Country Today, 17 May. 2017, newsmaven.io/indiancountrytoday/archive/the-war-of-1812-could-have-been-the-war-of-indian-independence-NgDgX3JKHEaPWtiUIyMxBA/

"Entanglement in World Affairs." The Mariner's Museum, www.marinersmuseum.org/sites/micro/usnavy/08/08d.htm

Brunsman, Denver. The Evil Necessity: British Naval Impressment in the Eighteenth Century Atlantic World. University of Virginia Press, 2013.

Deeben, John P. "The War of 1812: Stoking the Fires." National Archives, www.archives.gov/publications/prologue/2012/summer/1812-impressment.html

Sweeney, Alastair. Fire Along the Frontier: Great Battles of the War of 1812. Dundurn Press, 2012.

Foreman, Amanda. "The British View the War of 1812 Quite Differently Than Americans Do." Smithsonian Magazine, Smithsonian Institute, July. 2014, www.smithsonianmag.com/history/british-view-war-1812-quite-differently-americans-do-180951852/

Campbell, Duncan Andrew (2015). "The Bicentennial of the War of 1812: Reconsidering the "Forgotten Conflict"". American Nineteenth Century History.

Cleves, Rachel Hope; Eustace, Nicole; Gilje, Paul (September 2012). "Interchange: The War of 1812". Journal of American History.

Goodman, Warren H. (September 1941). "The Origins of the War of 1812: A Survey of Changing Interpretations". Mississippi Valley Historical Review.

Grodzinski, John R. (October 2012). "Opening Shots from the Bicentenary of the War of 1812: Canadian Perspective on Recent Titles". The Journal of Military History.

Hatter, Lawrence B.A. (Summer 2012). "Party Like It's 1812: The War at 200". Tennessee Historical Quarterly.

Hickey, Donald R. (September 2013). "1812: The Old History and the New". Reviews in American History.

Hickey, Donald R. (2001). "The War of 1812: Still a Forgotten Conflict?". The Journal of Military History.

Jensen, Richard (October 2012). "Military History on the Electronic Frontier: Wikipedia Fights the War of 1812" (PDF). The Journal of Military History.

Nivola, Pietro S.; Kastor, Peter J., eds. (2012). What So Proudly We Hailed: Essays on the Contemporary Meanings of the War of 1812. Brookings Institution Press.

Stacey, C.P. (1964). "The War of 1812 in Canadian History". In Zaslow; Morris; Turner, Wesley B (eds.). The Defended Border: Upper Canada and the War of 1812. Toronto: MacMillan.

Trautsch, Jasper M. (January 2013). "The Causes of the War of 1812: 200 Years of Debate" (PDF). The Journal of Military History.

Vea más libros escritos por Captivating History

www.ingramcontent.com/pod-product-compliance
Lightning Source LLC
LaVergne TN
LVHW041644060526
838200LV00040B/1708